Un Corazón en Soledad

Autora
Laura Nely González Ortiz

Mission, Texas
2017

Copyright © 2017

SEP: Número de Registro. 03-2010-082511174900-14

ISBN-13: **978-0-9989965-3-0**
ISBN-10: **099899653X**

All rights reserved.

No part of this book may be reproduced without permission of Legado Publishing or the author. However, portions of the poems may be cited for book reviews without obtaining consent.

Editor, Cover Design, and Book Interior: Gabriel H. Sanchez

Arte original por (Cover Art by):
Nely González

Agradecimientos

Quiero agradecer a todas esas personas que sin darse cuenta han contribuido a mi inspiración para escribir Un Corazón en Soledad. Principalmente a mi familia. Por supuesto me gustaría agradecer la oportunidad que me ha dado la Sra. Raquel López Suarez ya que ella me ofreció su confianza y su espacio para leer dentro de sus eventos en Enero Rojo Lunar.

Dedicación

Un Corazón en Soledad
va dedicado especialmente para toda mi familia.

Mi esposo, Alejandro Valladares.

Mis hijos, Alejandro, Laura Verónica, Jesús Alejandro

y Daniel Alejandro.

Mi madre, Eusebia Ortiz y mi padre Leonel González (QEPD).

Mis hermanos, Fabiola, Dora Elia, Leonel

y Sandra González Ortiz.

Introducción

Un Corazón en Soledad es un libro que está compuesto por poemas que hablan de soledades desde diferentes perspectivas, un corazón en soledad habla desde su propio yo interno, aparte de decir que tiene miedo y tristeza y muchas veces se siente derrotado aun así logra levantarse.

Índice

1-Tú qué sabes.
2-El tiempo alcanzó mis pasos.
3-El tiempo y la vida.
4-Un momento de tu mirada.
5-Paso tras paso.
6-Lágrimas que duelen.
7- Verdades a medias.
8-9-Alex.
10-Cuatro estrellas para los dos.
11-Jesús.
12-Laura Verónica.
13-No he nacido.
14-Pedazos de mi vida son ustedes.
15-Daniel lo más bonito.
16-Detener el tiempo.
17- Niña.
18(1)- Dime Dioslto.
18(2)-Mamá.
19-El dolor de tu mirada.
20-El corazón en el armario.
21-Papito quiero saber por qué.
22-Alguien en mi soledad.
23(1)-Nacer al amanecer.
23(2)-Te deseo.
24-La verdad de la vida.
25(1)- Vivir llorando.
25(2)-Pensando en ti.
26-El precipicio de la vida.
27(1)-He pedido.
27(2)-Recuerda mi amor.
28-29-Mi madre.
30(1)-La verdad.
30(2)-Cascadas de recuerdos.
31-Palabras perdidas.
32-Nostalgia del tiempo.
33-Dios en los corazones.
34(1)- Compromiso con Dios.
34(2)-Vero.
35-No es fácil.
36-El momento de tu llegada.
37-Dios me dio un regalo.
38-Gracias señor.
39-Con Dios en las montañas.
40(1)- ¿Tú que le pides a Dios?
40(2)-Dios.
41-La vida duele.
42-La estrellas, los reyes y santa.
43-Alas blancas.
44(1)- Como el viento.
44(2)-Un soplo de viento.
45(1)-Mentiras navideñas.
45(2)-Dar y recibir.
46(1)-Tiempo de compartir.
46(1)-Por ti mi amor.
47-Llorarás.
48-Lágrimas que ahogan.
49(1)-Dulce recuerdo.

49(2)-Triste.
50(1)-El recuerdo de un beso.
50(2)-Tu beso.
51-Aún estamos a tiempo.
52(1)-He querido ser.
52(2)-La intención de mi vida.
53(1)-Besos robados.
53(2)-Amor callado.
54-Lo mejor de ti me lo quedo yo.
55(1)-Fantasía.
55(2)-El corazón no piensa.
56(1)-Triste.
56(2)-Sola.
57-Una ilusión del corazón.
58(1)-No es fácil.
58(2)-Un volcán ardiente.
59-El fantasma de mis sueños.
60(1)-El abrazo mi vida.
60(2)-Alejandro quiéreme siempre.
61(1)-Solo pretextos.
61(2)-Necesito de ti.
62(1)-Tu juego.
62(2)-Antes o después.
63(1)-El árbol de mi ventana.
63(2)-Cielo triste.
64(1)-Déjate querer.
64(2)-Un lado de la verdad.
65(1)-Necesidad de ti.
65(2)-La esencia del amor.
66-Fuerzas de la nada.
67-Con qué palabras.

68(1)-Culpables tú y yo.
68(2)-Fue el tiempo.
69-Por qué no fui yo.
70-Una pequeña sonrisa.
71-Gritos del alma.
72-Sueños en el tiempo.
73-Mi recuerdo.
74-Tu nombre.
75-Quiero que me digas.
76-Tu cuenta pendiente.
77-Sin razón ni culpa.
78-Su aroma en tu piel.
79-Nosotros.
80-El amor en los recuerdos.
81-Un minuto de mi vida.
82-Reté mi destino.
83(1)-Un amor.
83(2)-Promesas.
84-Cuando llora el alma.
85-Otro cuerpo y otra piel.
86(1)-Para olvidarte.
86(2)-El corazón grita.
87-El dolor de recordarte.
88(1)-Silencio de amor.
88(2)-No vales nada.
89-El beso que no te di.
90-Dos frases.
91-Mentiras del corazón.
92-Hoy no tienes nada.
93-Después.
94-Un secreto entre los dos.
95-Te dejo.
96(1)-Nunca fue mío.
96(2)-Agua fresca.
97-Hoy perdóname tú.
98-Se movió mi destino.

99-Déjame salir de ti.
100(1)-El corazón se desgasta.
100(2)-Tatuada en el ayer.
101-Mi vida hundida.
102-Un abismo de distancia.
103-Amargura.
104-Te vi de frente.
105-Tu alegría.
106-Un perdón más.
107-Páginas blancas.
108-La venda del corazón.
109(1)-Me llevarás por siempre.
109(2)-Te perdí para siempre.
110(1)-El beso de mi adiós.
110(2)-Dime.
111-Y si fuera yo.
112(1)-Pobre iluso ya te olvidé.
112(2)-Te quiero.
113-El destino nos regaló el adiós.
114-Tu forma de mirar.
115-Un recuento en tu vida.
116-Tu desprecio por mi libertad.
117-Hoy decidí volver.
118-Sentí el dolor ahogarse en mi garganta.
119-Mi dolor lo pagaste tú.
120-No tenemos nada.
121-Un adiós inesperado.

TÚ QUE SABES

Tú no sabes si a mí me duele lo que tú haces
y tratas de no enterarte, prefieres que yo no hable
para encerrarte en tu propio mundo al que tanto odio.
Solo el rencor mantiene mi vida cerca de ti
tú guardas tus secretos porque así eres feliz
pero a mí me hundiste en un mundo de fango
del cual no he podido salir.
Quise hacerlo y Dios sabe que lo intenté y no me fue fácil
pero apenas podía sentirme a flote,
cuando una nueva desilusión
de tu parte aparecía nuevamente.
Tú no entiendes nada y ni por un momento sabes nada de esto
nunca has sentido una traición directa al corazón
tampoco has tenido en las manos verdades que matan.
He cancelado los sentimientos,
y en cada lágrima que por ti he derramado
se me han escapado palabras y cosas hermosas.
Desde hace tiempo se me terminó el amor
y hoy ya no puedo sentir por ti
todo eso que ya murió dentro de mí.
Creo que entre tú y yo no hay nada que reconstruir.
Tú te encerraste en tu mundo de mentiras y emociones frescas
yo no quiero vivir en este infierno que me está anulando.
Son tantas cosas que murieron en mí,
después que me quedé sin ti
y sí, acepto que estoy viviendo sin querer vivir
que es muy grande el dolor y ya no quiero seguir,
que cada día para mí es un reto
levantarme para volver a sonreír.
Pero aún con todo eso, y aquí en mi soledad,
deseo vivir y no es por ti.

EL TIEMPO ALCANZÓ MIS PASOS

En el infortunio de mi destino
se me perdieron las esperanzas soñadas
todo se me fue olvidando y me quedé sin nada
en el camino se me quedó
el deseo incesante de seguir adelante
y desapareció en el tiempo
el querer ser alguien.
La alegría de mis risas
se quedaron en los ecos no escuchados
y la fuerza de mi voluntad se perdió en la nada.
Mi voz perdió fuerza y mi mirada la arrogancia.
Mis ganas de amar se fueron quedando de cama en cama,
todo se me convirtió en nada, yo mismo fui dejando aquí y allá
sin querer ver que nada iba dejando sembrado.
Me dediqué a tirar por la vida las esperanzas, los sueños,
los deseos, las alegrías y la voluntad que también se acaba.
Todo se me fue agotando
sin voltear la mirada para ver que se me quedaba
y tal vez reflexionar para poder cambiar.
Y así poder ver algunas flores o tal vez frutos
de lo que yo ahí dejaba.
Hoy me encuentro solo y al final,
mi camino que ya no se ve tan fácil.
Ya lo siento demasiado escabroso como para caminarlo yo solo.
Es justo hoy que me doy cuenta
de que todo lo fui dejando perder.
Las esperanzas ya no las tengo
y para los sueños ya estoy muy viejo.
Nunca me interesé por retener esas cosas
que con los años se nos van dando.
En ocasiones casi corría y no me detuve a pensar
y a caminar con pasos lentos para conocer la vida
y quedarme a cosechar lo que yo fuera sembrando.
Nunca me detuve a pensar en el tiempo que, aunque despacio,
algún día llegaría y hoy él alcanzó mis pasos
y no se detuvo a mi lado ni siquiera por un momento.

EL TIEMPO Y LA VIDA

¿Sabes? no me gustaría que sufrieras al verte solo y enfermo.
El tiempo nos regala la soledad que lo años nos deja
y también se porta cruel y nunca regresa, nos lleva por diferentes momentos
y nos mueve como nosotros queremos, nos da la facilidad de elegir por donde seguir.
O si queremos volar también te ayuda e inclusive
te puede impulsar. Pero al despertar la caída es más dolorosa.
Todos sabemos que cuando se es hijo no nos duele y tampoco
nos detenemos a pensar en lo que sienten los padres y tampoco
les preguntamos, solamente vivimos para nosotros mismos y,
aun así, ellos le piden a Dios por esos hijos que se van y en
ocasiones ya no regresarán.
Pero cuando llega el momento que tú seas el padre y te vayas
por la vida como si ellos no te importaran y los hicieras a un lado y sigas de frente,
y no piensas que todo eso el tiempo y la vida con creces te lo ha de cobrar.
No te detuviste a pensar que el tiempo te alcanzaría y que poco
a poco te iría devolviendo lo mismo que en el camino dejaste,
solo que todo será diferente te entregará una vida mal vivida,
un alma más cansada, unos recuerdos
que no podrás más que añorar.
También ese tiempo que hace años te ayudó a volar
ahora te reencuentra con los hijos que hace años dejaste olvidados.
Esos mismos que hiciste a un lado para poder vivir, solo que
esos hijos ya no son los niños que te querían y te lloraban. Ese
mismo tiempo los hizo crecer y aprendieron a verte diferente
ellos no sienten por ti lo que tú quisieras,
por el contrario, ellos no son como tus padres que le pedían a
Dios por ti lo que tus hijos sienten y tienen para ti son solo
reproches que ya no tiene caso decir.

UN MOMENTO DE TU MIRADA

Qué tristeza la de tu madre, ella, que estuvo esperando noches y días, que se le fueron convirtiendo en nueve meses para tenerte en sus manos y arroparte en su pecho.
No me alcanzará la vida para comprender el dolor desgarrador que ella sintió cuando por fin te vio frente a ella.

Pero algo pasó porque tú no eras el niño deseado, lo que entre sus brazos ella tenía eras tú, tú que serías el dolor de verte cada día hablando solamente con la mirada.

Pidiendo con gritos callados, sin tener palabras que salgan de tu garganta. No tienes cómo expresar todo lo que llevas en tu alma, eres solo un pedazo de vida apagada por un destino que se escribió quizá con errores.

Fue desgarrador el llanto que de su pecho salió al verte.
De pronto su mundo de sueños desapareció y ante ella solo estaba un pedazo de ser que deseaba vivir.

Eras tan pequeño y grande a la vez que en tu mirar reflejabas la agonía que hasta ahora llevas dentro. No sé cómo describir lo doloroso que fue para mí un momento de tu mirada que me veía con tristeza suplicante.

Jamás podré entender por qué Dios manda al mundo seres como tú, que no se pueden defender. Seres que, aunque pasen los años, siempre tendrán la estatura de un pequeño ser.

PASO TRAS PASO

Qué bonito es despertar a la vida y poder vivirla. Pero qué triste es no tener con quien compartir y no haber podido retener a alguien en tu vida.

Hoy al pasar por la banqueta de una plaza observé a un anciano que con mucho esfuerzo lograba dar paso tras paso
y sentí que sufría para lograrlo.

En ese momento cerré los ojos y pensé en Dios y le dije: Señor por qué pasa esto y por un momento me puse en el lugar de ese pobre hombre.

De pronto creí ver mi vida pasar y me vi sola, sin un compañero, alguien en quien apoyarme para poder seguir con mi vida.

Y tampoco tenía hijos con quienes compartir o amar.
Y he pensado tantas cosas que me hacen estremecer
de solo imaginar en un mañana que muy pronto a mi llegará.

También he pensado en lo que será de ese padre o esa madre que olvidaron a sus hijos y los han dejado sin una razón o explicación.

También me imagino qué les deparará el destino a los hijos que por su juventud se olvidan de que aún tienen padres y que les deben respeto, cariño y devoción. Todo lo que a ellos les brindaron.

¿Qué pasará con ese pobre hombre? Tal vez él es el culpable de su triste soledad. O quizá no, y sean sus hijos los culpables, aquéllos que se han olvidado de que aún tienen padres.

LÁGRIMAS QUE DUELEN

Son las lágrimas de mi hijo las que más me han dolido
esas lágrimas que ha llorado cuando pregunta por su padre
que ya no ha regresado.

Esas lágrimas de mi niño son las que me duelen y me saben
amargas yo le he mentido para que él no se sienta herido
le he hablado bonito para que él siempre te quiera
sus lágrimas de niño son tristes y tiernas, pero sé que le queman
su pequeña alma y eso me duele.

 Me duele que él vaya creciendo y sufriendo por dentro
aunque hoy sus lágrimas se ven igual su vida le van a cambiar
él se dará cuenta que los años se fueron pasando y que tú aún
no has regresado.

Quisiera seguirle mintiendo. Pero hoy él ya es un hombre
y sería inútil. Él ha crecido y por ti ya no pregunta.

Aunque de vez en cuando por su cara aún ruedan lágrimas
tristes, pero éstas ya no son porque él quiera verte
y estas lágrimas son las que más me duelen.

VERDADES A MEDIAS

He sentido el llanto de mi hijo taladrarme día con día
en lo más hondo de mi amor de madre
y al escucharlo crece en mí el desprecio
que por ti ha nacido dentro de este corazón que antes te amó.

Ha sido tanto el tiempo de preguntas sin respuestas y
con verdades a medias. ¡Ya basta! Estoy cansada de alimentar
en mi hijo la esperanza de que vuelvas.
Tú sabes que te he perdonado una y mil veces
pero las lágrimas que él derrama me hieren y no sabes cuánto
y duelen más por un padre que ya no ha vuelto. Es por eso que
ya no habrá
otro perdón más. Te podré ver en la situación más triste
pero te cobraré lágrima por lágrima de las que mi hijo ha llorado
por ti.

Sé que él te quiere y no sabe guardar rancor
pero el dolor que él siente lo está desgarrando por dentro
y yo me siento morir cada noche cuando lo escucho llorar bajo
su almohada.
Él cree que yo no me doy cuenta de toda esa angustia
que encierra dentro de su pequeña alma.

ALEX

Lo mejor de la vida quiero que sea para ti,
no creí que por haberte dejado ir
a cumplir un sueño que te va hacer feliz
a mí me dolería el alma
y la tristeza inundaría de malos sentimientos todo mi ser.
Yo comprendo que eso es importante para ti
mas no me di cuenta de que tú te alejabas de mí
y en tu pensamiento estaba ya no volver más.
Siempre entendí que tú querías conocer y ver más allá
de lo que tienes a tu alrededor.
Fue por eso por lo que entendí que para ti
sería una experiencia más en tu vivir.
Tú sabes que te extraño y que te quiero,
pero aun así no piensas y no te duele
el que yo esté esperando tu regreso.
Por el contrario, quieres decidir por ti mismo
y no entiendes mis razones.
Crees que la vida es fácil
como hasta hoy la has vivido.
Tú no sabes, no piensas, no ves hacia el futuro.
Solo vives el momento y no entiendes
que la vida te lleva y te arrastra como ella quiera
y en ocasiones te lleva por sus mejores caminos
y por supuesto te regala su mejor cara.
Pero ¿qué pasa cuando por el camino que vas
no te encuentras todo lo bueno que creías encontrarías?
Llegado el momento no quisiera que te arrepintieras
de lo que pudo ser y no fue.
Prefiero tus reproches de hoy
que aún estás a tiempo
y no los que después
tú me pudieras reclamar
porque nunca te exigimos
que hicieras algo por ti mismo
para que en algunos años cuando ya no estemos contigo

tú supieras elegir.
¿Qué hacer o por dónde ir?
Espero con el alma y le pido a Dios
que lo que quiero para ti,
y que hoy no comprendes,
con el tiempo te des cuenta porque lo hice.
No quiero que me des las gracias,
lo que de verdad quisiera
es que te vaya de lo mejor
hoy y siempre.

CUATRO ESTRELLAS PARA LOS DOS

Sueño yendo de la mano por la vida caminando juntos tú y yo
quiero saber nuestra verdad más próxima,
me veo recorriendo un mismo sendero para nosotros dos.
Cómo será nuestro futuro
después de este presente que nos envuelve.

Veo hacia adelante nuestro sol en el horizonte
en una mañana incierta
y en nuestro recorrido llevamos de la mano
cuatro pequeñas estrellas
las llevamos por este camino sin saber nosotros mismos
si está bien adónde vamos.
No sabemos si la verdad tuya y mía
será la misma que ellos quisieran vivir.

Pero aun así debemos, tenemos que ir
de frente siempre hacia adelante
esperando que cuando la tarde llegue
sigamos los dos aún de la mano
caminando hacia el mismo lugar.

Quizá Dios y el tiempo nos brinde esa oportunidad
que el mundo entero siempre busca
y que al llegar la tarde a nuestras vidas
esas estrellas que de la mano hemos llevado
puedan y quieran brillar por sí solas.

JESÚS

Hijo: nunca en la vida camines por lo más fácil,
tampoco creas todo lo que te dice
ese que se dice tu gran amigo.
No seas débil de carácter ni de sentimientos,
lucha cuando creas tener la razón
y no aceptes de los demás
todo lo que te ofrezcan
porque creas que está *chido*.

Aún eres muy niño y no comprendes todo lo que yo te digo.
Al ir creciendo entenderás porque te contesto,
lo mejor que yo puedo,
todas tus preguntas;
aunque en ocasiones no tengo respuestas
pero aun así cuando tú las tengas
no te detengas y acércate a mí.

Haz tu pregunta que yo siempre estaré para ti
tú quieres saber y yo te entiendo
por eso busco palabras en las palabras
para no equivocar tu entendimiento.

En ocasiones hay cosas que ni yo entiendo
y aun así busco las respuestas
que sean ciertas para que tú me entiendas.

LAURA VERÓNICA

Te voy a regalar el tiempo que ya te di, y mi amor constante.
Día a día te entregaré de mí,
lo que yo creo es lo mejor que puedo darte.
Te puedo dar muchas cosas, tú sabes,
pero todas esas cosas no podrán llenar tu vida,
son cosas materiales que no durarán.
En cambio, te di la vida porque desde antes
yo te amaba y lo seguiré haciendo.
Te amaré toda esta vida y muchas más.
Siempre has sido mi reina hermosa.
Cuando eras pequeña
me encantabas con tus risas y ocurrencias.
No me gustaba cuando me desvelabas pegada a la ventana.
Como a las tres de la mañana
esa era la hora que más te gustaba despertar.
Ansiaba que crecieras para poder conocer, a la mujer.
Hoy que gracias a Dios tengo la oportunidad
de verte como una linda mujer
siento miedo de lo que tú pudieras sufrir o llorar.
Quisiera tenerte siempre tomada de la mano
para ayudarte a cruzar por la vida sin tropiezos ni lamentos.
Cuando eras niña si te caías yo te levantaba
y con un beso donde te dolía yo te curaba
pero sé que hoy no bastará con un beso.
Siempre agradeceré a Dios y a ti por tu presencia
eres una de las luces de mi vida.
Cuando me necesites te regalaré mi amor y mi tiempo.
Acércate a mí, aunque no cumplas años y ya no seas una niña,
yo siempre estaré aquí para ti, la reina de mi vida.

NO HE NACIDO

No he nacido porque tú no has querido
tú ibas a ser mi madre y no supiste defenderme
de ese hombre que a mí no me quería
te decidiste por él, preferiste no tenerme.

Primero me engendraste y,
sin darme derecho a nada,
de ti me arrancaste
sentí mucho dolor y tristeza,
quise aferrarme a tu vida
pero yo estaba indefenso y muy débil
quise gritarte, más bien te grité
para decirte que yo era
la única oportunidad que Dios te regalaba
para que tú pudieras ser madre.

PEDAZOS DE MI VIDA SON USTEDES

Pedazos de mi vida son ustedes a quien yo tanto amo.
Son lo mejor que alguien me hubiera podido regalar.
Nada podría suplir ni opacar todo lo que ustedes son para mí.

Se me dieron así nada más sin mérito alguno.
Se me concedió conocerlos,
se me ha regalado la oportunidad de quererlos,
de sentir sus pequeñas manitas
cuando aún eran unas cositas muy pequeñitas.

La vida también me ha brindado la gran oportunidad
de aprender, aprender a amarlos.
Ustedes son unos seres extraordinarios por sus sentimientos y
su grandeza de corazón.
Todo lo que ustedes son para mí nada ni nadie lo podría
sustituir.

Solo Dios con su grandeza podrá darme ese aliento de fuerza y
de vida para seguir
si en algún momento él decidiera llevarse a alguno de ustedes a
vivir con él.

DANIEL LO MÁS BONITO

Si tú te fueras yo me quedaría muy sola
si tú te marcharas sé que me olvidarías
y nunca sabrías cuanto me dolería que ya no estuvieras
si Dios te apartara de mi vida no sé cuánto tiempo
tendría que pasar para que mi corazón se conformara
y mis ojos no lloraran.

En este momento me duele de solo pensar
en que Dios te separara de nuestro lado
porque decidiera llevarte a vivir con él.
Paso momentos terribles de angustia imaginando
cómo sería un momento en que por caprichos de la vida
tú te fueras para siempre de nuestras vidas.

Eres lo más pequeño y bonito que yo tengo
y para todos nosotros, tu familia,
eres lo mejor que tenemos en esta vida.
Es por eso que al pensar en que tú nos faltes
siento un dolor que nunca podría describir
y no creo asimilarlo y poder vivir.

DETENER EL TIEMPO

La tristeza de tus ojos me da ternura
y me dan ganas de abrazarte y adorarte
no quiero que tus ojos lloren sin razón
quisiera tenerte siempre junto a mí
para consolarte y abrazarte.

Pero tú mismo te irás dando cuenta,
poco a poco, la misma vida te hará saber
y sentir todo lo que ella tiene para ti.

Cuando yo te tenía dentro de mí
ansiaba que nacieras para verte sonreír
y enseñarte a caminar.
Gracias a Dios ya naciste, me sonreíste,
te enseñé a caminar y yo quisiera detener un poco el tiempo
para tenerte un poco más cerca de mí.

NIÑA

Tú que apenas empiezas por la vida
con tanta impaciencia y poca experiencia,
con tanto desenfreno y una pasión sin ningún son
tú que le tienes confianza a cualquier amor
y tienes de aliada solo una gran ilusión.

Nunca te confíes de las experiencias ajenas
tampoco desoigas si alguien
te aconseja o te habla.

Nunca hagas lo que cualquier amiga hace
escucha lo que te diga tu propio corazón y la razón.
Piensa en ti y en ese futuro que nadie conoce y que tú esperas
quiérete mucho y entrega al mundo lo mejor de tu alma.

No te guardes las tristezas y trata de ser feliz
aunque no siempre será tan fácil encontrar la felicidad,
lo que si puedes encontrar en ti
serán las fuerzas y ganas para luchar.

Se puede cuando se sabe lo que se quiere alcanzar.
Las fuerzas para luchar te las da Dios
y las ganas para amar y vivir
las tienes dentro del corazón.

DIME DIOSITO

Dime Diosito si mi abuelito está contigo
y por qué se fue si aquí conmigo él era feliz
él me quería y me hacía reír y nunca supe
por qué se tuvo que ir, por qué se fue
cuando yo dormía sin darme un beso.

Yo no sé cómo pedirte, que lo dejes venir por un momento
me gustaría verlo nuevamente y preguntarle
por qué se fue y me dejó y si no podré verlo nuevamente.

 Lo quiero y lo extraño mucho, dime Diosito
si está contigo y si él es feliz
y si algún día tú me dejarás estar con él
para platicar y sonreír con él otra vez.

MAMÁ

Tú lo eres todo: eres fuerte grande e incansable
y sé cuánto me quieres. Tú, que sufres cuando yo enfermo
o te sonríes y me bendices cuando yo duermo.

Tú que me quieres y me ayudas cuando algo no puedo siempre
para mí serás mi madre, la que me ama y me protege,
pero también la que me exige si no obedezco.

Tú eres grande para mí, grande en tu pensar
y en tu manera de amar.
Mamá, tú siempre serás mi mamá.

EL DOLOR DE TU MIRADA

Descubrí en tus ojos la tristeza de un recuerdo
y el dolor de tu mirada me dice que el paso del tiempo
no ha logrado sacar de dentro de ti el desencanto
de sentirte maltratada y engañada.

He visto en tu rostro un reclamo callado y unas palabras
frustradas que tus labios nunca gritaron ni reclamaron
quizá por no herir a alguien que tú amas.
Descubrí en tus pensamientos amordazados por el tiempo
que quisiste pensar y creer que tu pasado
estaba lejos y enterrado.

Mas en el momento que tú me contabas
un fragmento de tu vida, me di cuenta de que el dolor
aún sigue dentro de ti, lo llevas pegado a la piel
como un doloroso tatuaje,
así como las alegrías y tristezas que vives cada día.

EL CORAZÓN EN EL ARMARIO

Quise buscar en los ojos de mi madre
sus recuerdos que deben ser incontables e imborrables.
De esos años que ya se fueron y con ellos
se murieron sus días como latidos agonizantes.
Creí encontrar en sus ojos
alegrías, añoranzas y recuerdos gratos,
mas solo me encontré con lágrimas calladas
y reproches que nunca pudo gritar y de esa manera los sepulto.
Se los enterro en el alma porque tu ya no estabas
para restregártelos en la cara.
Ella se fue quedando vacía
de anhelos y amor de un hombre.
Decidió ser madre y olvido sus ansias de mujer
su amor lo dejo para nosotros sus hijos.
Ella nos entrego su tiempo y su cariño
como en su momento pensó que debía ser.
Por mi amor y mi lealtad a ella no me cansare de reprocharte
sus días grises y sus años de dolor y esperanzas muertas.
Y aunque sus lágrimas siempre fueron calladas
yo las veo y las siento como si quisieran ser escuchadas.
Quise encontrar en ella la dicha de saberse madre y si,
la encontré feliz, se siente realizada de que nos vio crecer.
Como madre no se reprocha nada
mas como mujer ella se quedó apagada y olvidada.

PAPITO QUIERO SABER POR QUÉ

Papito por qué en las noches tú ya no vienes,
por qué no hablas y nunca vienes aquí a dormir
qué es lo que pasa, por qué mi mami me abraza y llora.
Papi quiero saber si algún día piensas volver.

De todo esto yo no entiendo nada, pero me da tristeza
todos los días pienso mucho y me acuerdo de ti
lloro en silencio donde nadie me vea
y que mi mami no se dé cuenta.

Todos sufrimos por ti, regresa pronto
para sentirme feliz.
Te quiero, que Dios te ayude para que pronto puedas volver.

ALGUIEN EN MI SOLEDAD

En este triste rincón que hoy me encuentro
asechan a mi vida como cascadas uno a uno,
cual tristes lamentos, esos días que llenos de recuerdos
son el alimento de mi vivir y mi pensar.

Yo misma busqué la soledad
con la que hoy comparto todos mis días
y mis largas noches en las que espero
algo que aún no sé qué será

Porque no tengo esperanza de nada ni de nadie
es por eso que sigo aquí en el rincón de mi desesperación.
Aunque sé que no tengo a nadie a quien esperar
o alguien a quien yo pudiera platicar mi soledad y mi miedo

Los cuales van siempre de la mano conmigo,
este miedo me angustia y me tiene atrapada.
Y no puedo contarle a nadie de esta asfixiante soledad
que me angustia y me está ahogando el alma.

NACER AL AMANECER

Por qué pienso en ti o por qué te sueño
si yo ni siquiera añoro tu recuerdo
cuando estoy despierta jamás pasa por mi mente
recordarte o pronunciar tu nombre.

Solo cuando duermo y abandono el mundo
porque dormir es como morir al dormir
y nacer al amanecer
esto que me pasa es algo que no puedo controlar
y me resisto a creer que aun en sueños
tus recuerdos vengan y me hagan daño.

En los sueños que tengo contigo yo aún te amo
me dejan triste por lo pasado
no quiero ni deseo que vuelvas a inquietarme
ya no quisiera pensar más en ti, pero al despertar
tengo que preguntarme
por qué tengo que soñarte y recordarte.

TE DESEO

Quiero que vengas y tenerte muy cerca de mí
deseo sentir tu corazón que palpita cerca de mi pecho
dentro de mi vientre.

No me gustaría quedarme sin llegar a ser madre
espero algún día verte entre mis brazos
aún no te he concebido, pero lo lograré
deseo tanto que Dios te mande a mí para ser feliz.

Pido con el alma y con mi vida entera
que un día no muy lejano pueda conocerte,
acariciarte y aprender amarte.

LA VERDAD DE LA VIDA

La vida no siempre nos da lo mejor
pero dime a ti que te dio,
acaso no te dio el amor que tú clamabas
y que no supiste elegir.

Dime cuánto tardaste para encontrarlo
y poder compartir ese amor que tú llevas dentro
más nunca pensaste en lo que sería vivir al lado de un amor,
pobre de sentimientos al cual tú te aferraste
por no saber esperar
para después con tristeza y amargura
decir: la vida no se portó bien conmigo,
no me dio lo que yo le pedí.

La verdad es que tú no supiste esperar y te aferraste
a lo primero que te paso por el camino
pero hoy que estás triste, amargado y arrepentido
te es muy fácil echarle la culpa a la vida.

VIVIR LLORANDO

Soledad que estoy viviendo, por la maldad
que existe en este mundo, ésta que hoy me está matando
y me ha condenado a vivir llorando.
Llorando por él, tú te lo has llevado
Señor: por qué me lo has quitado.
Me he quedado con los brazos abiertos esperando que volviera,
Señor porque te olvidaste de la falta que nos hace
aquí dejó a sus hijos y también me quedé yo
¿y aun así te lo has llevado?
No te diste cuenta del dolor que nos causaste y el daño
que para nosotros su muerte causaría
Dios, no me resigno a haberlo perdido, no lo acepto
y me rebelo. Tú que eres bueno, sé generoso yo te lo ruego
dame consuelo porque yo siento que ya no puedo.

PENSANDO EN TI

He pensado mucho en ti
anoche pensando en ti me dormí
y soñé algo que nunca me había pasado
y al despertar te sigo recordando.
Recuerdo ese amor que me dejaste
fue un amor tierno y suavecito
un amor limpio y puro sin culpas ni reproches
fue algo sincero y bonito,
un amor para recordarlo y no olvidarlo.
Algo único que, aunque pertenece al pasado,
es un gran recuerdo que de vez en cuando
me hace pensar en ti,
y no es porque aún te ame
es por ese tiempo tierno y bonito que nos quisimos,
por ese bello sentimiento
que aún me persigue a través del tiempo.

EL PRECIPICIO DE LA VIDA

En la vida nos pasa de todo, pero desde luego,
quisiéramos que solo buenos momentos llegaran a nosotros
pero, aun así, en ocasiones nos agobia la tristeza.
Es entonces cuando se nos derrumba todo lo que nos rodea
y solo pensamos lo mal y lo triste que estamos.
No sabemos ser fuertes y al momento nos caemos,
preferimos tirarnos al precipicio de la vida,
dejamos que los problemas nos ganen
perdemos la fuerza y el valor para ver hacia adelante.
No valoramos lo que nos abraza y aún tenemos,
pero estamos vivos y la vida siempre nos dará fuerzas
para seguir, levantar la cabeza y aprender a sonreír
y ser feliz. No hay abismo más grande que aquel
 que uno mismo se pueda construir.
Cuando sientas que tu mundo se derrumba
y que todo lo que construiste el aire se lo lleva,
cuando creas que nadie te quiere
y sientas que el mundo es demasiado grande
piensa en Dios y en esa vida que por algún motivo él te regaló.

HE PEDIDO

Me ha sido fácil
querer y que me quieran
para mí ha sido fácil pedirle a Dios
y que él me concediera.
Le he pedido a Dios que me ayude
y él me ha ayudado.
Le he pedido ser feliz
y lo he sido
le he pedido que tú me quieras
y gracias a él se me ha concedido.
Hasta cuándo dejaré de pedirle a Dios
que te cuide y que me quieras,
creo que eso no será posible
porque siempre necesitaré
de Dios y de que tú me quieras.

RECUERDA MI AMOR

El perdón te llegará cuando aprendas a darlo
Dios te bendecirá cuando sepas perdonar
perdónate a ti mismo y nunca le niegues el perdón a nadie
porque también te será negado.
Recuerda mi amor que tú me has negado esa posibilidad
para qué te martirizas por cosas de un pasado
que ni tú ni yo podemos remediar, o cambiar
mas no por eso quieras amargarme la existencia.
el día que tú te olvides de ese pasado tan poco importante
ese día habrás perdonado.

MI MADRE

Mujer callada y olvidada
primero callaba porque quizá
no encontraba las palabras ni el momento
y se le pasó la vida buscando el tiempo,
pero ése no se te da si no te detienes y lo tomas ya.
No la recuerdo golpeada por la mano de mi padre,
sus golpes eran diferentes.
Casada con alguien que no sabe dar por que a él
nadie le enseñó amor, respeto, cariño y fidelidad,
él solo vivía para la satisfacción personal.
Los hijos nacieron, pero él no hizo un compromiso con nadie
ni con él ni con Dios mucho menos con mi mamá.
Para él fue como jugar a la casita.
En los primeros años trató de ser todo eso
que encierra la palabra Papá, sin embargo,
solo pudo querernos con muy poca responsabilidad,
pero la fidelidad, esa nunca se le dio.
No sabía cómo comprometerse porque no le interesaba
entonces mi madre permanecía callada
Los golpes que recibía mi madre eran diferentes:
eran las caras de sus niños cuando tenían hambre
o las noches negras cuando se le enfermaban
y no había Papá que ayudara.
Sus golpes también eran tristezas de desprecios,
el dolor de sentirse olvidada como arrojada,
sola en una pobre casa, y el estar esperanzada
a que el esposo llegara.
Las lágrimas tristes de mi madre las llevo siempre en mí
dibujadas y aún me queman
cuando los recuerdos llegan.
Las heridas de ella no se veían,
sus heridas eran las preguntas
de sus niños que pedían, sin comprender que no había,

y al no saber que responder.
Él mejor se salía y dejaba que el peso de decir: no hay,
quedara sobre los hombros de mi madre.
Ella no se quedaba con los brazos cruzados
salía a trabajar para traer de comer
y regresaba con ansias desesperadas
para hacer de comer lo que había conseguido.
Aun así, no podía reclamar,
tenía que seguir callada porque el hablar
no le remediaba la situación para nada.

LA VERDAD

Un amor como el tuyo vale mucho, no se da así nada más
entrégalo solamente a quien sepa valorarlo
no tienes por qué aferrarte a él como si fuera la última balsa
en medio de la mar, si él no te ama, no te tortures y déjalo ir.
No es el primero ni será el último que encontrarás en el camino
no te precipites en una aventura solo por atraparlo
porque al pasar el tiempo será lo primero que él te reprochará
como ves no es fácil encontrar el amor ideal.
Pero siempre te será más fácil
si vives, hablas y amas con la verdad en la mano
tú trata siempre de que ese alguien sea libre
para que te pueda amar sin dañar a nadie más.

CASCADAS DE RECUERDOS

Brotan mis recuerdos como una cascada
pero solo vienen a mi mente los más amargos
los que han dolido, los que me han marcado
primero, vienen a mí los que nunca podre remediar
como la muerte que siempre se lleva a quien tú más quieres.
Aunque queramos no se puede volver atrás
después viene a mi mente aquél que se va para no volver
pues se está yendo por propia voluntad
y se aleja sin mirar atrás para no regresar más.
Es por esa razón que me doy cuenta de que siempre
tenemos alguien a quien extrañar o llorar
aunque ese alguien viva a tu lado y lo veas a diario
aunque el que esté contigo es como si no estuviera
pasa por tu lado sin dirigirte la mirada
te ignora como si tú no existieras
como si fueras transparente.

PALABRAS PERDIDAS

Quiero decir y escribir lo que siento
quisiera expresar lo que pienso,
pero no encuentro las mejores palabras,
palabras que digan lo que en verdad quiero.
Tal vez es el día que ya terminó
o el triste recuerdo que de ti me quedó
o fuiste tú, que al marcharte
me diste a entender que lo nuestro se acabó.
Quizá es todo eso que me hace sentir tan mal
no sé qué nos pasó, pero se terminó
tal vez fue eso o el día tan triste que hoy viví
quizá la tarde obscura que ya se fue
son tantas cosas que no entiendo y no logro recordar
para decir y explicar que tu ausencia me está haciendo mal.

NOSTALGIA DEL TIEMPO

Hoy descubrí algo que de pronto me asustó
sentí la nostalgia del tiempo que ya pasó, hoy me di cuenta
que me veías con tristeza y algo más,
sabes de pronto sentí tu mirar y al volverme
para verte de frente
me di cuenta de que lo que siempre nos unió de pronto
no sé cuándo
pero todo eso se fue, se nos escapó, ese amor se nos perdió
en el camino y el tiempo.
De pronto me dio miedo encontrarme sola en la vida
y no tener alguien con quien vivirla
sentí nostalgia por ti, por mí porque hasta hoy me doy cuenta
que dejé pasar las cosas bellas y hoy no tengo recuerdos
tristes o hermosos
los cuales yo pueda atesorar.
Me doy cuenta de que el miedo me atrapa
y la incertidumbre me destruye,
qué puedo hacer ahora pare surgir de este letargo
o cómo despertar y descubrir que todo esto es un mal sueño.

DIOS EN LOS CORAZONES

Si yo fuera un ave subiría hasta las nubes
Y traería conmigo para ti la esperanza del vivir
y el aprender a soñar, si tuviera el poder del creador
subiría al cielo para buscarlo y al encontrarlo le pediría
que me regalara su aroma y la luz de su consuelo.
También al encontrar a Dios que es el tuyo y el mío
le pediría paz para todos los corazones.
A todos nos hace falta un mucho de esperanza
y ese algo que nos ayude y nos inspire a seguir,
a querer y a dar algo de eso que hemos olvidado.
Dios está con nosotros, pero no lo sentimos
ya no lo percibimos y no nos damos cuenta
que por él vivimos, existimos.
Todos necesitamos mirar atrás, hacia un punto de la vida
cuando aún no somos nada, o cuando dejamos de ser
quizá hasta entonces te des cuenta de que
Dios siempre ha estado ahí muy cerca de ti y de mí.

COMPROMISO CON DIOS

Qué triste y gris se encuentra la mañana
pero es más triste la esperanza de vivir sin nada
sin un mañana que no sabemos si el destino
nos depara la felicidad de un vivir,
o en qué momento nos regalará la tristeza de morir.
Un morir que, tal vez en vida, tengamos
que experimentar el dejar de existir.
Nacer, vivir y sonreír todo eso encierra un gran
compromiso con Dios y por lo mismo
tenemos el deber de seguir y vivir.
Tenemos que vivir porque se lo debemos a Dios
se lo debes a la vida y también a tu propio yo.
Morir quizá para muchos sea lo mejor y si eso te alivia
solo Dios te lo podrá conceder.

VERO

El cielo está llorando
y es muy triste verlo así
desde el día que tú te fuiste
se ha vestido de obscuro y se
han puesto las nubes grises.
es el único que me entiende
Él es el amigo que me comprende,
ese amigo que necesito siempre.
El que entiende y me tiende la mano
con solo voltear a mirarlo,
es por eso que al verme triste
se ha puesto a llorar junto conmigo
él llora por mí y yo porque tú te fuiste.

NO ES FÁCIL

No es fácil
aceptar las pequeñas
y grandes cosas
que tú nos das
es triste ver tanta soledad
y tristeza que existe
que arrastra a la humanidad.
Por donde quiera se ven
padres sin sentimientos
y tanta gente que no sabe
como expresarse.
Niños que viven sin sentir
y sufren sin saber por qué.
Padres que lloran y le preguntan
a Dios cosas que nunca
logran comprender.

EL MOMENTO DE TU LLEGADA

Tú que con crueldad vienes y arrasas
con tantas almas que aún no están preparadas
para irse contigo al más allá.
Eres tú que de solo pronunciar tu nombre
todos logramos estremecernos y hacemos
todo lo posible para nunca invocarte.
Nadie entiende porque has de venir,
no queremos saber en qué momento
te vas a aparecer.
Solo tú conoces la verdad
y eres la única que podría contestar
vienes cuando nadie te espera
pero si alguien reclama tu presencia
tardas en llegar.
Posiblemente no es crueldad de tu parte
no vienes si se te llama
pero si por alguna razón llegaras tarde
tú como quiera te llevas a alguien.

DIOS ME DIO UN REGALO

Te me fuiste de la vida, te marchaste hacia la nada
aunque tú reclamabas mi presencia con tu voz desesperada
yo no pude ayudarte a arrancarte de las manos de la muerte
que sin escuchar mis ruegos te apartaba de mí,
al mismo tiempo que ella se burlaba de mí.
Yo te quise alcanzar, pero tú te alejabas,
yo le pedía a Dios por ti y tú me gritabas a mí.
Tú te adentrabas en sus brazos y los míos no daban para más
y yo que te amo tanto nunca dejaré de escuchar
tus risas y tus gritos de niño,
cuando cada tarde a la hora de mi llegada
corrías hacia mí y me decías papito te quiero mucho.
Hace tres años Dios te dio a mí como un regalo
y hoy decidió quitármelo.
Hoy se me ha roto la vida y destrozado el alma
eras mi pequeño niño y hasta hoy fuiste mi bebé precioso.
De aquí para delante serás mi ángel y tu gran luz
iluminará y abrazará mi vida hasta que yo vuelva a verte.

GRACIAS SEÑOR

Gracias Señor
te doy por esta vida
que sin merecerlo
estoy viviendo
y soy feliz.
Me diste una familia
y tal vez no soy digna ni de ti ni de ella.
Señor creo en ti
y te bendigo desde aquí
soy feliz y te agradezco,
lo que haces tú por mí
no tengo palabras dignas
para dirigirme a ti
y poder decirte que en esta casa
creemos en ti.

CON DIOS EN LAS MONTAÑAS

Cuando voy a las montañas y puedo recrear mi vista
con el verde oscuro que ellas visten
con gran alegría y gozo, puedo decir que tú estás ahí.
También cuando escucho el sonido del agua del río
al bajar por la cañada es cuando puedo asegurar
sin temor a equivocarme que tú existes
y te extasías viviendo ahí.
Con solo respirar el aire de un atardecer
o sentir la brisa de un nuevo amanecer,
eso es más que suficiente para creer en ti.
Después de tener una montaña de cada lado
y al mirar hacia arriba y encontrar esos picos
tan altos y tan lejos de mí,
que solo se alcanzan a ver de un azul majestuoso.
Si ves hacia abajo encontrarás la corriente del río
que se esconde un poco más abajo
atrás de la cascada y si al frente quisieras mirar
ante ti se elevará con su verde esmeralda
desde la parte baja de la montaña
después sigue subiendo de color hasta llegar
al azul, como si vieras al cielo bajar
y hasta las nubes se quieren quedar.

¿TÚ QUE LE PIDES A DIOS?

Yo pido vida y salud para vivirla al lado de los que amo
hasta cuando ellos, mis hijos, decidan su porvenir
porque el tiempo no detiene su marcha
los hijos se desean, se conciben, nacen, crecen
y ellos desean que el tiempo pase rápidamente
y él pasa como si sus deseos se cumplieran por arte de magia.
Siento que su deseo es tan fuerte,
que ellos corren tan rápido como corcel desbocado.
Yo pido vida y salud para ganar más sonrisas al lado de ellos,
quererlos y estar muy cerca cuando de pronto me necesiten.
Ellos saben que siempre estaré para ellos y mientras pueda
los cuidaré, protegeré y amaré.

DIOS

Te lo llevaste, tú me lo quitaste
lo arrancaste de esta vida
creo en ti que eres el Dios
de nosotros los humanos,
me enseñaron a creerte y adorarte,
sé de tu grandeza
y que eres bueno, noble y generoso.
Por eso no entiendo porque
llevárselo a él que hace falta
en este mundo.
Era joven y aún quería vivir,
tenía hijos y una esposa a quien querer.
Hay tanta gente en este mundo
que por enfermedad o su propia voluntad
no desean seguir, por qué entonces
te llevas a jóvenes y niños que empiezan a vivir.

LA VIDA DUELE

Qué difícil es vivir cuando la muerte
nos arrebata a la persona amada
con la que hemos compartido media vida y tres más,
aun cuando sea la voluntad de Dios,
nos rebelamos y no queremos aceptar
que Él así lo decidió.
Pero la vida nos duele y se nos desgarra el alma
cuando el que lo decide es cualquier mortal
el que le trunca la vida a esa persona que sentimos nuestra
y pensábamos que nada ni nadie nos la podría quitar.
Te duele la vida entera de ver como tus sueños
se esfumaron se perdieron en la nada
y, aun así, en momentos que el dolor te mata
mueres muchas veces más.
Cuando volteas y ves esas tres vidas más
que existen y te ven con ojos de incredulidad
por todo lo que están viviendo
es cuando te das cuenta
de que no te puedes echar a morir
porque, aunque esa persona ya se te fue
tal vez desde allá él pudiera mirarte
y desde ahí reclamar tu debilidad, tu falta de voluntad y coraje
quizá te preguntaría por el amor hacia esos hijos
que solo esperan de ti lo mejor que les puedas dar
tienes que ser valiente para poder luchar
y ver el mundo tal cual es
si te tiras a morir te vas a morir,
pero si surges de la nada y vas hacia adelante
lo vas a conseguir, el dolor que se comparte
te dará la fuerza para reconstruir tu mundo
y para que seas feliz.

LAS ESTRELLAS, LOS REYES Y SANTA

Cuando era niño siempre creí que si moría
yo volaría hasta una estrella
y desde ahí podría ver y cuidar
a todas las personas que yo quiero.
Después fui creciendo y me di cuenta
de que todo eso era mentira
también descubrí, que Santa no llega
por el hueco de la chimenea
que los Reyes no vienen de oriente
y que el ratón no es el que se lleva mis dientes,
al crecer descubrí que todo
era una fantasía que inventan los adultos.
Entre todas esas cosas yo me enteré
de que al morir tú, yo no sabía cómo extrañarte,
no entendía cómo sería mi dolor al no poder verte
en ese momento y por muchos días no entendía
la falta que mi madre me haría,
yo no pensé como sería el extrañarte
o en qué momento necesitaría a mi mamá.
Conforme pasaron los primeros meses yo lo fui entendiendo
al ver a mis amigos y escucharlos hablar cuando en la calle
o en el parque todos tienen una madre quien los llame
y si no hacen caso hasta con un grito los reprenden.
Pero es hasta hoy que me doy cuenta,
la falta que me hace mi madre
todos ellos tienen un por que regresar a casa,
ellos si tienen una mamá
que los ama y los espera.

ALAS BLANCAS

En medio de un torbellino de dolor
se fueron tres vidas con sus alas blancas
partieron entre gritos de angustia
que se fueron apagando suplicantes.
Emprendieron el vuelo sintiéndose perdidas
en medio de la nada se veían así mismas
lejanas, olvidadas en el centro de una nube azul y blanca,
tres vidas, tres almas que extendieron sus alas
y volaron juntas hacia la inmensidad de la nada.
Se les llorará por siempre y en sus casas extrañarán
sus pícaras risas y sus manos traviesas
se elevarán suplicas de consuelo
y gritos desgarradores que terminarán en llanto,
todos nos unimos a su dolor como en un canto,
como en un rezo que será como un himno
al recuerdo que de ellas tendrán.
Todos los que las quisieron
siempre llevarán en su vida
la presencia de sus caritas
llenas de alegres sonrisas
y en su corazón sentirán el calor
de sus tres amores de sus tres pequeñas
que volaron al cielo con sus lindas alas blancas.

COMO EL VIENTO

Así como el viento juega con las aves
de esa manera jugaste tú con mis sentimientos
de la misma forma que él les
arranca las plumas sin piedad ni miramientos
así arrancaste de mi vida
las ganas de amar que yo tenía.
Como plumas que el viento arrebata
te has llevado de mi corazón
los deseos que guardaba dentro de mi ser
llegaste como un huracán
congelándome el alma
cortaste de raíz lo bueno que había en mí
solo me dejaste lo único que un corazón
como el tuyo puede dejar:
tristeza y desilusión.
Eso es todo lo que quedó de mí.

UN SOPLO DE VIENTO

Sabes que no es fácil aprender de los demás
nadie puede entender que alguien se vaya
porque te ha dejado de querer
es muy difícil entenderlo cuando no es a ti
al que le está pasando, lo ves como algo lejano
que no te tocará y nunca te pasará.
Pero de pronto llega ese momento y
una nube de tristeza y desolación
empieza a cubrir tu vida y tu mente
no sabes a quien acudir ni que decir,
sientes como si esa luz que tú tenías
de pronto con un pequeño soplo se apagó
y no supiste en qué momento se te rompió el corazón.
Es en ese momento que te das cuenta de que no es fácil
aceptar y comprender cuando el amor se va

MENTIRAS NAVIDEÑAS

El espíritu navideño nos llega con calidez desbordante
nos hace sentir, querer ser diferentes
nos lleva a decir cosas que en ocasiones ni siquiera
sentimos o es lo que realmente pensamos.
Les decimos cosas bonitas a los demás que suenan bellas
pero son solo palabras que se van cuando la Navidad acaba.
Son como aves que dejas libres, que al perderlas
de vista jamás las vuelves a ver
así son las palabras: salen, se pierden y
hasta la próxima Navidad
las volvemos a escuchar.

DAR Y RECIBIR

La luz de la Navidad
Ilumina los corazones
y a mí me trae recuerdos bonitos
e ilusiones grandes.
Conforme llega diciembre
todos esperamos y sentimos
la necesidad de dar y recibir
y pedimos a Dios por los demás
la verdad es que muchos esperamos
hasta este tiempo para tratar de ser mejores
y hacer felices a los demás.
Yo quiero la paz y bienestar
para el mundo en general
y me gustaría que el espíritu de bondad
perdure desde hoy hasta
la próxima Navidad.

TIEMPO DE COMPARTIR

Se supone que la Navidad es alegría y felicidad
y creo que así debería de ser
yo entiendo que son días especiales
sé que es tiempo de compartir, así lo aprendí,
y de pensar en Dios que nos ha dado todo.
Nos dio vida, amor y felicidad
aun así, siempre nos falta algo.
No entlendo por qué nosotros
nunca nos sentimos conformes
con lo que se nos ha dado,
pero creo que no hay que esperar la Navidad
para agradecer todo cuanto se nos ha brindado
si diariamente lo estamos viviendo.

POR TI MI AMOR

Con este vaso de vino que hoy me llevo a los labios
me estoy imaginando tu boca
que en esta noche fría
beso y muerdo como una loca.
Es como si al pensar en ti
pudiera ver que te acercas y me besas
y yo me dejo arrastrar por ese deseo
que me inspiran tus labios y tu boca.
Mientras brindaba te recordaba
te quería y te besaba
pero el vino se está acabando y con él
se termina mi sueño de tu boca junto a la mía.
Con este vaso de vino brindo por tu amor
y también brindo por el vino
que me regaló el sueño
de que esta noche estuvieras tú.

LLORARÁS

Hoy que se llega diciembre
es más triste mi esperanza
sé que no vendrás para esta Navidad
no despedirás con nosotros
este año que hoy se va.
Sufrirás porque estás lejos
y no podrás besarme como sé
lo estás deseando, te sentirás solo
y quizá llorarás al acordarte de mí
y tus lágrimas no podrás ocultar.
Al terminar diciembre querrás estar conmigo
me recordarás y pensarás en nuestros momentos
y en tantos días que hemos pasado
y en todos esos años de habernos amado.
Sé que todo esto estarás sufriendo
porque yo también lo siento cuando tú estás lejos
paso las noches alimentando mi vida
y mis sueños con nuestros momentos bellos.

LÁGRIMAS QUE AHOGAN

Sé que debo estar feliz y realmente lo estoy
le doy gracias a Dios y a la vida
por todo lo que me han dado.
Pero aun así me ahogan las lágrimas
que están a punto de brillar, quiero ser fuerte
y encontrar mis alegrías que tengo bastantes,
pero al pensar que nuevamente
será Navidad y tú no vendrás
no puedo evitarlo y el llanto me gana
aunque no quiera las lágrimas
se anudan en mi garganta.
Sé que tengo que ser fuerte,
no puedo permitirme ser una madre débil
no quiero que nadie se dé cuenta
que me está matando tu ausencia,
porque si yo me derrumbo ante ellos
cómo podría alentarlos y darles fuerza
para que esperen hasta tu próxima llegada.

DULCE RECUERDO

Fuiste algo bonito y muy tierno
que, aunque quisiera, no te podría olvidar.
En ocasiones te recuerdo como alguien
muy lejano, pero en mi mente aún
existe tu dulce forma de mirar.
No es el amor lo que me hace recordarte
es mi soledad la que hace volar mi mente,
la tristeza y el hastío le ponen alas
al pensamiento, recordando tus risas
con triste nostalgia.

TRISTE

El recuerdo de tus besos de tu voz y de tu risa
me ayudan a esperar la siguiente llamada
o tu próxima llegada.
Me hace falta tu risa, tu boca y tu alegría
no sé por qué, pero ya no me es tan fácil la espera
me siento más sola y triste
 se me hacen más largos los días
 y los meses parecen interminables y eternos.
Creo que: o mi espera ya no tiene paciencia
o tú te tardas para venir mucho más que antes
si soy sincera ya me canse de la soledad
deseo que estés aquí ya no quiero vivir
tanto tiempo alejada de ti.

EL RECUERDO DE UN BESO

El corazón me trajo un recuerdo
uno ya muy lejano
el recuerdo de un beso olvidado,
un beso, un adiós y una triste despedida
de pronto llegó a mi mente aquella
lejana despedida.
Recuerdo el dolor que nos causó
querernos y tener que separarnos
es algo que está tan lejos y, sin embargo
al recordarlo siento una profunda tristeza
por lo bello que pudo ser y no fue.
Solo cenizas de una ilusión
que una tarde fui obligada
a decirte adiós.

TU BESO

Tu beso bajo la noche fría
fue un beso frío y tibio a la vez
de esos que nunca se olvidan
y que llevamos tatuados por siempre.
Fue un beso de novios que, aunque
ya han pasado varios años, aún
tenemos la dicha de estar juntos.
Pero hay cosas que uno recuerda
como si hubieran pasado ayer.

AÚN ESTAMOS A TIEMPO

Te quiero, pero no para rogarte.
No me siento capaz de humillarme ante ti,
aunque me muriera no creo poder rogar y pedir,
        ni que tú fueras Dios.
Si tú ya no me quieres y tu coraje te hace sentir mejor
y te niegas a platicar o perdonar
lo poco o mucho que yo te ofendí,
pues lo siento no hay más que decir.
Hasta que estés dispuesto hablaremos,
cuando tú creas que es el momento
yo estaré dispuesta a escuchar.
Y si ese momento no llega
quiere decir que lo nuestro se acabó.
Porque si tú no crees que podemos enfrentar esto
hoy que aún estamos a tiempo,
no sé para qué esperar más,
si ya nada según tú podremos remediar.
Tampoco esperes que yo te vuelva a buscar
        una vez más,
ya lo hice y no cediste
eso me dice que tú no quieres o no puedes.
 La verdad lo siento,
pero yo ya no estoy dispuesta.

HE QUERIDO SER

He querido entregar en ti toda mi vida
y he querido ser todo lo que tú quisieras
te he dado cuanto he tenido y te he amado
tanto o más de lo que tú has deseado.
He sido tuya más allá de lo que tú hubieses querido
y quiero ser para ti mucho más.
En ti he visto reflejada mi vida entera
has querido que te quiera y lo he hecho
has deseado que te ame y te he amado
me has pedido que sea tuya y hasta hoy lo he sido
he adivinado tu pensar y tu sentir
es por eso que te he dado a ti todo
lo que para ti he querido ser.

LA INTENCIÓN DE MI VIDA

La intención de mi vida ha sido quererte
y tú sabes que te amo como nunca he amado a nadie más.
Mi pensar y mi sentir han sido solo para ti, siento por ti
lo más bonito que puedas o quieras desear
siempre pensé que tú serías mi realidad.
En el amanecer de mi vida te busqué y en el despertar
de mi amor te encontré
y al pensar en tu amor me entristecí por el temor
de que ya no fueras para mí.
Pero ese sentimiento que me duele y me atormenta
tú lo callas con tu presencia en mi vida
con tu amor deshaces esas nubes de incertidumbre
que oscurecen los pensamientos de mi mente,
con tu amor opacas las tristezas de mi pensar
y con tu vida a mi lado alimento la intención
que por ti siempre he atesorado
que es quererte y amarte como nadie
en esta vida te ha querido.

BESOS ROBADOS

Esos besos que hoy te causan tanta alegría
y que defiendes con tanto amor y coraje
esos besos que tú sabes son besos robados
tú se los arrebatas a alguien
que no está enterado.
Y ella me está quitando a mí.
Lo que por tanto tiempo he querido y luchado
se está llevando de ti el amor y las caricias
que solo han sido para mí.
Me está quitando la luz de tus miradas
que por tantos años fueron solo mías
también se lleva tu amor que por siempre
me ha querido y me está robando tus besos
que hasta hoy habían sido solamente míos.

AMOR CALLADO

Aprendí a quererte tal y como eres tú sin grandes frases
ni palabras románticas. Tú nunca has sabido expresar
el amor que por mí sientes.
Te ves callado, enigmático, pero yo que te conozco
sé realmente como eres y lo que sientes.
Aprendí a quererte y poco a poco también aprendí
a amarte y el tiempo me ha dado la oportunidad
de saber querer con la vida.
El sentimiento de mi gran amor por ti, ese sabrá esperar
hasta que tú aprendas a decir lo que sientes.
Tú sabes querer sin decirlo y amar sin expresarlo.
He aprendido a conocerte y sé que tú me amas
pero tú no lo pregonas y te lo callas.

LO MEJOR DE TI ME LO QUEDO YO

La verdad de tus besos los llevo conmigo
la luz de tu mirar es para mí un bello musical
los años que fueron míos nadie me los podrá quitar
el tiempo que tú me quisiste, aunque quisieras
no te lo puedes llevar.
Harás tus maletas y te llevarás
solo de ese momento en adelante,
te marcharás, pero con el pasado
nada podrás hacer, no lo puedes desaparecer
todo el pasado del ayer, aunque te marches
lo tienes que dejar.
Ya no tiene caso que digas nada.
No quiero saber ni por qué, ni con quien.
Tus palabras se las ha llevado el viento
pero el amor que me diste, la verdad que tenían tus besos
y la luz de tu mirar todo eso me lo quedo yo
lo más importante de tu vida me lo diste a mí,
y lo que tú te llevas es tan poco que no podrás llegar.
Recogiste de ti un poco de no sé qué
quizá un poco de orgullo y de tiempo,
aunque tú sabes que eso es lo que menos nos queda ya
no pasará mucho que tendrás que mirar atrás
y verás que tu verdad la dejaste,
la has desechado por algo efímero y volátil,
que con un soplo de viento desaparecerá se te esfumará.
Y es ahí que te darás cuenta
que te quedaste con el corazón desecho
y que ya no tienes la suficiente fuerza y coraje
para desandar el camino y empezar una vez más

FANTASÍA

En las fantasías de mi vida
yo creí que me querías, pero
ya ves fue solo fantasía.
Me deleita tener locos sueños
y no es locura, es amar sin ataduras,
es porque algunas veces
amamos sin pensar ni meditar
y en ocasiones nosotros mismos
actuamos y luego dudamos.
Cuando una ama no piensa en nada
solo mira fijamente al objetivo.
Nos guiamos por la mirada y el sentido
y si alguien te dice que estás equivocado
lo más seguro es que ningún consejo
te sonará perfecto.

EL CORAZÓN NO PIENSA

El amor no te deja ver más allá del momento
no sabe ni quiere pensar solo se guía por el sentir
solo el corazón es el que lleva la decisión, él es el único
que decide cuando querer u olvidar.
Lo que crees que es amor, te lleva por lugares inimaginables
llegas a creer, querer más que nadie
y de pronto aparece en tu corazón una chispa
por alguien más, que ni pensandolo podrías dejarlo pasar.
El amor no piensa ni le importa razonar
porque el corazón es un tonto romántico
que sabe querer, amar y perdonar
pero también es cruel y aprende a olvidar.

TRISTE

Espero que la soledad no te obligue a olvidarme
ojalá y te dure el amor hasta que vuelvas a verme
por eso me invade la tristeza de solo pensar
que podrías olvidar que tú vas a volver
ojalá que mi recuerdo perdure
en tu corazón y en tu mente
para que tu soledad no me traicione.
Sufro y me duele el alma cada vez
que las ideas se enmarañan y escarban
con su veneno en el fondo de mi
aterrado corazón y pensamiento.

SOLA

Ahora que estás lejos
y que estoy sola
es cuando me doy cuenta
lo mucho que te quiero
y la falta que me haces
y lo mucho que tú vales.
Me doy cuenta de que te extraño
y la soledad me causa daño,
quizá cuando te tengo
no valoro todo lo que pierdo
todas esas noches
que no me entrego.
Pero hoy que me encuentro sola
extraño tus besos, tus manos y todo
lo que tú representas
para mi vida.
Quisiera abrazarte, que me beses
y nunca más dejarte.
Sueño con tu cuerpo y en mis sueños te deseo.

UNA ILUSION DEL CORAZÓN

Si existe ese alguien en el cual yo pienso
no creas que es tan solo un espejismo de este
corazón en soledad.
Yo sé que piensas que es tan solo
una pobre ilusión de mi solitario corazón
pero él existe y lo conoces tú.
Lo que pasa es que no crees que yo pudiera,
en algún momento, engañarte ni con el pensamiento
es verdad que no quiero ni debo faltar al amor
que un día no muy lejano yo sentí por ti.
Pero tú te has encargado de irlo matando
con tu amor desgastado
aun así, yo me resisto a pensar en otro hombre.
He preferido llenar de humo mi corazón y mi mente
para no recordar ni su cara ni su nombre
y no, no creas que es por respeto a ti
eso lo hago solo por mí.

NO ES FÁCIL

No es fácil esperar que tú regreses
pero te espero
no es fácil seguir queriéndote
si tú estás lejos
y aun así, siempre te quiero.
No es fácil creer que tú me quieras
si estás tan lejos y, sin embargo,
también te creo.
No es fácil vivir sin amargarme
y preguntarle al pensamiento
si aún me amas o tú me olvidas.
No es fácil vivir sin tu cariño
pasando largos momentos
siempre sola, alentando los recuerdos
abrazando mi vida por fuera
y ahogando mis lágrimas por dentro.

UN VOLCÁN ARDIENTE

No sé cómo apagar este deseo que quema mi cuerpo
es algo que devora mi sentir y mi vivir
me siento abrumada con todo esto
y te veo en mi memoria como un volcán ardiente.
Tengo la necesidad de imaginarte
que estás aquí conmigo, a mi lado,
en este momento puedo tenerte
con el solo hecho de poder pensarte.
Siento tus manos y tus besos
quemando mi cuerpo
y no quisiera despertar jamás
de este bello sentimiento.

EL FANTASMA DE MIS SUEÑOS

Sé que siempre estarás ahí
porque como una sombra tú me persigues
por las noches, y te adentras en mis sueños.
Solo vives para perturbar mi vida cuando duermo
actúas como un fantasma y no te das cuenta
el daño que me causas.
Tú esperas que la noche llegue y sigilosamente
llegas hasta mi cama, luego como un suspiro,
te apoderas de mi mente
hay noches que no tengo paz porque, sin yo quererlo
o desearlo, te apareces como un fantasma
dentro de mis sueños.
Sé que vives para buscarme y torturarme
como una sombra o un fantasma que a escondidas
te metes en mi vida y en mi cama,
para acariciar mis noches y torturarme el alma.

ÉL ABRAZÓ MI VIDA

Con un suspiro y un beso me dijiste adiós
bastó que me abrazaras para darme cuenta
que te marchabas, tú te alejabas
y no podía retenerte, aunque te amaba.
Las emociones ahogaban mi garganta
y las preguntas de por qué te ibas
quedaron atadas a un dolor que no esperaba
sentí derrumbarse mi vida y lloré,
lloré por todo lo que te amé y
por quererte tanto.
Me dolió tu engaño y me hundió hasta el fondo.
Fue tanto mi dolor
que prefería morir para no sentir.
Pero él abrazó mi vida ofreciéndome una oportunidad
por si algún día te olvido y quisiera volver amar
me brindó su hombro como amistad
o por si aún tuviera lágrimas que llorar.

ALEJANDRO QUIÉREME SIEMPRE

Gracias a Dios que me quieres
gracias a Él que te tengo
sé que me amas cuando me besas
siempre lo dices y eso me gusta, quiéreme siempre.
Me gusta cuando me abrazas y cuando tus manos me tocan
soy feliz cuando me besas y quisiera estar siempre
junto a tu boca y tocar tu cara que me fascina
te quiero tal como tú eres, y me gusta tu risa franca,
aunque te conviertes en piedra cuando te enojas
y sin embargo siempre me entiendes.
No cambies nunca, yo así te quiero
me gustas tanto, quiéreme mucho.
No te ruego, ni te suplico, solo te digo:
quiéreme siempre.

SOLO PRETEXTOS

Se llegó el día de volvernos a ver
esto es algo que veníamos esperando
con mucha ilusión y gran amor.
Nuestra despedida fue triste
pero fue algo que no se pudo evitar,
era tan necesaria para nosotros dos.
Quizá todos esos malentendidos
que entre nosotros surgieron,
fueron solo pretextos para empezar de nuevo.
En nuestras vidas de vez en cuando
nacen situaciones que no podemos ni queremos entender
y nos ofendemos por la más mínima simplicidad.
Sabemos que no es fácil controlar los sentimientos,
vivir en pareja y hacer el amor no lo es todo.
Debemos aprender a querer, a perdonar, ceder y amar.

NECESITO DE TI

Tengo algo que decirte y quiero que me escuches
desde hace algunos días me siento muy triste
he sentido ganas de llorar y he llorado
he querido hablarte y te he llamado
he hablado con la soledad porque
tú no has contestado.
Todo ha sido inútil tú no has estado para mí
quiero pensar que no estás porque no me contestas
pero yo te necesito por eso te llamo, te escribo y te busco
para hacer menos triste, mi yo, mi aquí y mi desolado existir.

TU JUEGO

Me pides que te quiera y platicas por ahí
que soy tu vida entera y que sufres por mí
no creo en tu mirar ni en tu sinceridad
yo creo que es un juego para halagar tu vanidad.
Si te hablo no contestas y si te busco nunca estás
qué será lo que tú buscas o cuál será la realidad de tu verdad,
trato de entender tu juego y no logro saber cuál es
si a los demás aseguras que soy tu adoración,
por qué cuando te busco tú te le escondes
a mi triste corazón que no te entiende.

ANTES O DESPUÉS

Te entregué lo mejor que yo tenía para dar, te di mi vida
mi amor, mi todo te lo he dado a ti.
No sé si en lo que te di yo me equivoqué, pero equivocada
o no me entregué enteramente.
Nadie aprende a querer un antes o un después
solamente lo sentimos para mal o para bien
yo solo sé que todo mi amor fue para ti.
Quizá no fue la mejor forma para amarte, tal vez fui posesiva
y con un amor invasivo, pero puedo jurarte que es la única
manera
que conozco para amarte.
Te amé y te entregué tanto que terminé por alejarte, no me
detuve a pensar
en que mi amor era asfixiante, terminaste por marcharte
dejándome con la incertidumbre de si fue agobiante lo que yo
entregué de mí.
Quizá no supe amarte, pero tú tampoco hiciste nada,
no hablaste, ni reclamaste solo callaste y te marchaste.

EL ÁRBOL DE MI VENTANA

Sus ramas y sus hojas me inspiran distintos sentimientos
ellas se mueven tan rítmicamente
sin saber si él lo disfruta o lo odia,
me hace pensar en la vida que vuela,
en la que crece, en la que corre,
en la que espera, en la que sufre y en la que llora.
Veo por la ventana sus brazos tan largos que se mueven
sin poder estar quietos con ese rítmico moverse sin querer.
Ese viento que cruza entre sus ramas sin descanso
no deja que él pare por un momento,
es difícil imaginar su sentir o su pensar
quizá él tampoco es feliz con la vida que le ha tocado vivir,
pero quien será capaz de entenderlo, quizá el viento,
o tal vez las aves que se anidan entre sus rítmicas ramas.

CIELO TRISTE

Es de noche otra vez y al mirar al cielo él se ve muy triste
como si pidiera un poco de luz y alma para vivir,
creo que en gran parte me comprende y entiende
lo que pasa dentro de mí.
Estoy segura de que al igual que yo hoy, como tantas noches,
siente una gran soledad dentro de esa inmensa obscuridad.
El infinito se siente triste,
él me acompaña y me toma de la mano.
En ocasiones soñamos juntos y algunas veces también lloramos,
quizá por los días que ya pasaron
o por momentos que añoramos,
tal vez por sueños que deseamos y jamás logramos.
Tu amor me hace tanta falta y mi cariño te busca en silencio
y llora tu ausencia, pero la vida nos da la oportunidad
y Dios nos hace esperar a ese amor que pronto ha de llegar.

DÉJATE QUERER

Hoy me dijiste que no tengo derecho
de amarte o de quererte,
que mi amor no es suficiente para retenerte.
Benditas palabras el amor y el derecho,
yo te necesito tú me haces falta y mi amor no sabe
ni entiende si él tiene derecho o no.
Solo sé que te quiero con amor y gran pasión
que se resiste a comprender y a entender,
deja que te quiera, qué daño podría hacerte yo.
Deja que te bese, aunque solo sea una vez más.
No te apartes, no me dejes, no te alejes de mí.

UN LADO DE LA VERDAD

Cómo aceptar que te has equivocado,
es difícil darte cuenta y decir:
aquí estoy, o estuve mal y debo cambiar.
El daño que hacemos no es solo a ti o a mí,
tenemos más por quien luchar
pero qué hacer para darnos cuenta y aceptarlo,
¿tú estás dispuesto a darte cuenta
de que no hemos logrado nada?
por el contrario, cada vez nos hundimos más
en la desesperación
de nuestra tristeza que no hemos podido hacer a un lado.
Los dos sabemos y entendemos, pero no ponemos
nada de nuestra parte, preferimos hacer a un lado
esta realidad que buena o mala
es la que tenemos como nuestra.
Es una verdad amarga que nos deshizo la vida
y nos quitó lo bueno que el corazón tenía.
Nos hemos olvidado de amar, respetar y querer a los demás
de todo esto lo que más me duele es que entre nosotros,
al parecer, ya no tenemos nada que dar.

NECESIDAD DE TI

Qué bonita es la necesidad que tengo de ti
la necesidad de extrañarte y adorarte.
Se alarga el tiempo cuando tú estás lejos
pero es muy tierno recordarte,
tener necesidad de ti y saber que por el momento
es imposible tenerte cerca.
Te extraño y al hacerlo me invade una tibia sensación
esa misma que recorre mi cuerpo cuando estás junto a mí
qué dulce es recordarte y tener esta necesidad
que hoy estoy sintiendo yo por ti.

LA ESENCIA DEL AMOR

Yo quiero creer que todavía me quieres
y no dudar de tus palabras, pero me falta esa esencia
de tu amor que se me escapa y me traiciona.
Aunque quiero retenerla no logro adivinarla
no logro saber por qué te pierdo, no sé cuando
ni en qué momento. Por más que lo intento
no entiendo tus ausencias en mi vida.
Es triste no saber en qué momento de nuestras vidas
el amor pasó de ser verdad a una gran mentira
a veces nos damos cuenta de que algo no está funcionando
pero nos cerramos a la realidad por el maldito
miedo a encarar la verdad y la mentira.

FUERZAS DE LA NADA

Te dije adiós y no lloré
te vi partir y me alejé
me hice fuerte
y delante de ti fingí alegrarme
dijiste adiós y aunque en ese momento
sentí que no podría resistir la despedida,
por un instante creí que el dolor me traicionaría.

Pero justo en el momento que creí sería
el último segundo que me quedaba
de mi poco orgullo bastante lastimado,
saque fuerzas de la nada y levante
lo único y poco que de mí ahí quedaba,
que en ese momento para mí era bastante
levanté mi vida, tomé mi dignidad y la puse al frente
sin lágrimas, tristezas ni reproches o reclamos
en ese momento sentí que era mejor para los dos
regalarnos ese doloroso y triste adiós.

CON QUÉ PALABRAS

En la penumbra de mis recuerdos asoma a mi vida
la tarde de mi triste adiós,
ese adiós que se da a alguien que se ama de verdad
y que después de tanto tiempo el olvido no pudo borrar.

No he podido olvidar la desilusión que me causó
el darme cuenta de que has estado en los brazos de otro amor
y que te entregas a ella cuando yo juraba que eras solo de mí.

Cómo decirle al tiempo que borre y aparte de mí esa herida,
cómo exigirle al viento que aparte de mí tu aroma
y cómo arrancar las caricias que a mi piel aún le queman,
con qué palabras le digo adiós a este dolor

Y qué debo hacer para olvidar tus risas,
con qué razones me exijo olvidar tu esencia
y de qué manera arranco las caricias de mi cuerpo y de mi vida
y qué otras razones o argumentos le doy al corazón
para que te olvide y deje de llorar.

CULPABLES TÚ Y YO

Del dolor que nos causamos, no sé quién fue más culpable
si tú que me humillabas o yo que soportaba,
quizá fui yo que por no herirte y no contrariarte
siempre soporté que te marcharas sin decirme a dónde ibas
o que hacías.

Y luego regresabas como si nunca me hubieras fallado
te gusta que te quiera, mas no que te reclame o que te ofenda
soy tu esposa y a ti se te olvida
que firmaste lo mismo que yo, pero también te recuerdo
que una firma no me obliga a seguir atada
o abrazada a una ilusión que no me da nada.

FUE EL TIEMPO

No fue fácil alejarme
no creas que solo dije
la palabra olvido y te olvidé.

Me ha dolido, lo he pensado
y lo he sufrido y al fin
lo he decidido.

No sé si fue el tiempo
o quizá fue mi propio pensamiento
quizá fueron mis reproches
que noche a noche yo misma me hacía.

La verdad no sé qué fue
pero puedo asegurar que no me fue fácil
pero al fin ya te olvidé.

POR QUÉ NO FUI YO

Qué triste es que ya no me quieras
y ver cómo te alejas de mí
me pregunto cómo te puedes ir sin mirar atrás
sin pensar en todo lo nuestro
que con tu adiós también te llevarás.

Es triste saber que te marchas
lo que más siento es que yo me quedaré
con todo este amor que siento,
me será muy difícil entender y llorar
tu amor en la lejanía.

Y me preguntaré por qué tenías que ser tú
el que se fuera, y me olvidara
por qué darte el gusto de que tú me dejaras
por qué tengo que sufrir, llorar y reclamarle a la
vida por qué no fui yo la que de ti me alejara
y te olvidara.

UNA PEQUEÑA SONRISA

Tú crees que con tantas ofensas y con tu humillación
haces que yo me sienta una muy poca cosa
pero quiero decirte que te equivocas,
tus desplantes no me impresionan y tus ofensas
ya no me llegan.

Lo único que has logrado es que me haga más fuerte
y que de ti ya nada me duela
la verdad es que solo me causas una pequeña sonrisa,
estuve tanto tiempo a tu lado que ya te conozco
me ha costado mucho, pero lo he superado
y tu palabrería y estupidez conmigo ya no funcionan.

En todo este tiempo que vivimos juntos
no creas que no entendí, tuve tiempo de sobra
para aprender, y hoy tú ya no me ofendes ni me haces sufrir
la verdad es que ya no me importas y no me duele
si me hablas o me ignoras.

Y si por un error del destino me llego a tropezar
nuevamente contigo te juro que no me detendré
a saber, ni a preguntar por tu destino.

GRITOS DEL ALMA

Estoy triste
me he comido mil palabras
al mirar que te marchabas
se ha estrujado mi vida
y me ha dolido el alma.
He llorado en silencio
y al mismo tiempo estuve pidiendo
con gritos y reclamos desesperados
que no te fueras, los mismos
que se perdieron en el aire y no escuchaste.
Fueron gritos de angustia
que me desgarraron el alma,
quería que por un vuelco
de esos que da la vida
tú regresaras.
Me di cuenta cuanto sufrías
en el momento que te marchabas
y me dolió ver la tristeza que reflejabas
en la mirada.
Que te fueras era inminente
existen heridas que solo se curan
con la distancia.

SUEÑOS EN EL TIEMPO

Por mi mente pasó la ilusión
de que tú no existías,
de pronto te vi como un sueño que moría.

Retrocedí en mi vida y empecé a vivir
como cuando era niña
de nuevo recordé y en un momento
pasó mi vida frente a mí, y como en sueños
mi tiempo retrocedió.

Pero esos mismos sueños me trajeron
a la triste realidad de hoy
y fue el mismo tiempo quien me regaló
la desilusión de mi vida
es una verdad que no se puede ocultar
que, aunque duela, siempre estará ahí.

Y si yo me digo que nunca pasó
me estaría mintiendo y aun así no podría borrar
con mi amor toda esa gran desilusión.

MI RECUERDO

Fuiste en mi vida algo muy tierno
pasaste por mí sin dejar rastros amargos
dejaste en mí una calidez que nadie podrá ver
fuiste como el ave que suelta su canto
y se lo lleva el aire sin dejar rastro.

Así te recuerdo a la mañana siguiente
después de haberte soñado
y pasa por mi mente todo lo pasado
fue tan limpio y cursi que siempre lo llevo en mi recuerdo
y lo guardo como mi gran secreto.

Tengo en mi mente el sonido de tu risa y
los rasgos de tu cara, también viene a mis recuerdos
ese beso que no me diste, tengo en mi piel esa caricia
que en silencio yo anhelaba, la cual jamás me fue dada.

Llevo en el alma tantas cosas que jamás pasaron
pero también llevo clavada en mí la mirada de tus ojos
que solo con ella me acariciabas y me besabas.

TU NOMBRE

No es porque aún te quiera
pero te sueño sin querer y sin pensar en ti
vienes a mis sueños sin recordar cuanto te quise
entras en mis pensamientos cuando no puedo
ni quiero rechazar tu sonrisa y tus caricias.

Llegas a mí cuando duermo y
sin que pronuncie tu nombre
y al despertar no puedo creer que nuevamente te soñé
no sé qué me pasa o por qué tu imagen no se sale de mi mente
nunca te recuerdo ni hablo de ti,
pero de pronto cualquier noche
aparece tu endiablada sonrisa obligando a mi corazón
a que traicione y mienta al callar tu presencia.

QUIERO QUE ME DIGAS

Quiero que me digas que me quieres, que me amas
que me sufres y me extrañas.

Quiero saber que te mata la tristeza
y te llora el alma al saberme feliz y lejos de ti.

Quiero que me digas cuánto me amas
quisiera escucharlo de tu boca y sentirlo de tus labios.

Deseo saborear tu aroma y sentir
lo brusco de tus labios vibrando sobre mi piel.

Quiero ser tu única amada y que tu alma muera
cuando yo no esté cerca de ti.

Amaría que me dijeras palabras cursis y tontas que tú
no sabes decir, como que me amas y mueres por mí,

También sé que tú eres así y
jamás las escucharé de ti.

TU CUENTA PENDIENTE

Me has calumniado y de mí te has divorciado
me humillaste y no conforme con eso
a mis hijos me arrebataste.

Te divorciaste tú, porque a mí nadie me avisó
con engaños me dejaste y a mis hijos
pues, simplemente te los llevaste.

Hasta hoy me entero de que estoy divorciada
que ya no me quieres y que vas a casarte,
lo celebro por ti, francamente me divierte
mi supuesto engaño de cuando tú no estás aquí.

Solo espero que no te arrepientas del daño
que tú me haces, no creo que tardes
en ver por ti mismo lo mucho que me quieres
y lo mal que me juzgaste.

Ha pasado muy poco tiempo de que te has casado
y sin yo pedírselo tanto a Dios, el engaño que sin deberlo
me has cobrado, el destino traidor poco a poco se ha encargado
de abonártelo a la cuenta que conmigo tú tienes pendiente.

SIN RAZÓN Y SIN CULPA

Se quedó mi corazón
gritándote por un perdón
se desmoronó mi vida
convirtiéndose en cenizas.

Te pedí perdón por algo
que no debía y, aun así
te quise y te entregué mi vida.

Gasté y acabé mis fuerzas por quererte
todo te lo di a ti, nada tengo hoy de mí
y aun así me ves aquí pidiéndote un perdón
del cual tú no tienes razón.

Convertiste mi vida en cenizas grises
y, aun así, mi corazón que es muy terco
pide un perdón para volver a ti.

SU AROMA EN TU PIEL

Tus besos son fríos
como hielo cristalizado
tus palabras son huecas
como árboles sin nido.
Prefiero que no me ames
porque tus caricias me saben
a traiciones y tienen un nombre.
Tu cuerpo ya no reconoce
mis caricias y mis besos y
en tu piel, tienes impregnado su aroma
y adivino sus besos en tu cara y en tu boca,
ya no me puedes mentir
y no quiero seguir fingiendo
que no lo sé.
Tampoco quiero que me mientas
diciéndome que tu traición
existe solo dentro de mi mente
ya me cansé que finjamos
las caricias en nuestra cama
y tú me dejaste abierta la puerta
para que yo me marchara.

NOSOTROS

Tú y yo tratando de arreglar lo mejor posible
la vida que han de llevar
tratando de que ellos no sufran
y todo se les haga realidad.

Pero en ocasiones el amor nos ciega
y no actuamos con veracidad,
tenemos miedo a lo que les sucederá
y de lo que para ellos será su verdad.

Llegado el momento, aunque nosotros sigamos a su lado
ellos querrán seguir bien o mal, pero será su vida
y no debemos interferir porque ya han crecido.

Eso nos duele porque todavía son muy chicos
para tropezar y caer, pero ellos tienen derecho
a aprender a llorar y volverse a levantar.

Ellos quieren caerse y levantarse por sí solos
y sin ayuda de nosotros volver al camino
que aún no saben a dónde los ha de llevar.

EL AMOR EN LOS RECUERDOS

Es verdad que un beso dice mucho en nuestras vidas
en ocasiones es lo primero que nos despierta al amor
hace poco recordando el tiempo ya pasado me di cuenta,
según tus mismas palabras, que tú al igual que yo
recuerdas ese nuestro primer beso.

Ese beso que yo deliciosamente recibí
siempre pensé que solo yo lo recordaba,
es verdad, también creí que el amor nunca perdura
y que los recuerdos los borra el polvo que deja el tiempo
y que a la ilusión se la lleva el viento.

Han pasado 17 años y hasta hoy para nosotros
el tiempo no ha sido suficiente y el viento no ha sido
ni será nunca tan fuerte como para borrar
el amor que abraza los recuerdos de los besos.

UN MINUTO DE MI VIDA

En el último minuto de mi vida
ha pasado por mi mente
todo lo que he vivido
al lado de mis seres queridos.

He sido muy feliz pero también he retado
Y me he defendido de todo aquel que me ha hecho daño
si en mi camino encontré a quien me hirió y me ofendió
jamás me dejé y supe responder,

Si alguien me humilló
aun por equivocación
jamás me detuve
a escuchar o intentar perdonar.

Amo la vida y a mi familia también
pero aun en este momento que la vida se me escapa
jamás perdonaría una traición
y si pudiera regresar

Solo sería para cobrar
a todo aquel que me hizo mal y por supuesto
que me gustaría volver para cobrar vida por vida
porque jamás aprendí a perdonar.

RETÉ MI DESTINO

He podido olvidarte y no lo hice
quise alejarme para no volver
y aquí estoy.

Pensé que si tú no estabas
me sería más fácil dejar de quererte,
creí que al no estar tú
el amor se esfumaría

Que saldría de mí
y yo no volvería a sentir por ti
todo esto que tengo para ti
lo cual no he podido sacar
por más que lo deseo.

Quise olvidarte y no lo logré
pude alejarme y no lo intenté
creí poder dejar de quererte,
lo hice retando mi destino
para probar que sí podría,
pero en las cosas del amor
solo el corazón decide amar u olvidar.

UN AMOR

Es verdad que no te he olvidado
pero de eso tú ya estás enterado
para que decir más si tú nunca
me has amado.

Pensarás que me he quedado dolida
triste y acabada, no te niego que
estoy sufriendo como condenada a muerte
y que he llorado, pero poco a poco
ese dolor ha ido muriendo.

Ahora ha llegado a mí otro amor una esperanza
alguien en quien confiar y a quien querer
y no, no creas que no me duele el haberte perdido
lo que pasa es que yo no sé vivir de tristezas y lamentos
menos por alguien como tú que no
tienes nada bueno que darte a ti
mucho menos para dármelo a mí.

PROMESAS

Es tan difícil perdonar cuando alguien te ha marcado
y te ha hecho tanto daño
al grado que dudas que exista Dios.
Porque hay quien nos finge cariño, nos hace soñar
nos dice amarnos y después se va,
para qué fingir, y para qué mentir
quizá sea mejor hacer el amor
con alguien que no promete nada,
quizá es más fácil entregarse sin reservas, ni falsas promesas
solo dar lo que se quiere y lo que se siente
para después no llorar por alguien
que al final se marchará.

CUANDO LLORA EL ALMA

Yo sé lo que se siente cuando te llora el alma
sé lo que sientes cuando crees que Dios te ha olvidado
y por momentos crees que Él te ha abandonado.
Sé que mueres y no quieres regresar.

Sé lo que duele
es como si te arrastraras con el corazón al aire
tú misma te abandonas en un olvido que se torna obscuro
y a gritos buscas a Dios.

También sé que buscas momentos
para entristecerte a gusto,
te apegas al dolor de su traición y no sabes
cómo curar el dolor que te tiene tan cerca de la muerte.

Yo sé lo que se siente cuando te llora el alma
sé lo que queman las lágrimas cuando son amargas
también sé lo que se siente cuando ese amor se aleja
y te deja solo un adiós y una traición al corazón.

OTRO CUERPO Y OTRA PIEL

Es verdad que en el silencio de mi cuerpo
me atormentan los gritos del deseo.
Pero a nosotros se nos murió el amor,
lo fuimos matando con frases hirientes y palabras
que se nos quedaron tatuadas
en los recuerdos del corazón
y aunque queramos no podemos olvidarlas,

también se nos han ido borrando los abrazos y los besos
y tantas cosas que nos enseñaron a amar.
La ilusión de amar nuevamente la hemos descubierto
en otro cuerpo y estamos empezando a escribir caricias
nuevas en otra piel y en otra boca besos de miel.

En otro cuerpo he descubierto cosas más bellas
de las que tú me dabas, quizá por eso bastó
un soplo helado para congelar y dejar
en silencio el deseo de mi cuerpo.
Se desprendió la página en la que tú escribías.
Y en mí ya no hay nada que quiera decirte.
Es triste, pero aprendimos que nuestro amor
no era para siempre.

PARA OLVIDARTE

No creas que solo pasó por mi mente la palabra olvido

y eso fue suficiente para yo olvidarte.

Me ha dolido, lo he pensado y lo he sufrido

y por fin lo he decidido, no sé si fue el tiempo
o quizá fue mi pensamiento
o tal vez fueron mis propios reproches
que noche a noche me hicieron despertar.

No sé qué fue, pero quiero decirte
que no me fue fácil, pero por fin pude olvidarte.

EL CORAZÓN GRITA

Las caricias que tú me niegas y el amor que no me das
en otra persona lo he encontrado ya
y de ese alguien me estoy enamorando.

El amor que de ti tantas veces deseé y que tanto
estuve esperado, ese que me hacía soñar en ti
no ha sabido o no ha querido llegar a mí.

Tú no quisiste darte cuenta de todo lo que yo te amaba
aunque volteabas la mirada hacia mí nunca supiste
darte cuenta de que mi amor estaba ahí,

Y este corazón que desde el fondo de su latir te gritaba
con amarga desesperanza lo que mis palabras
nunca se atrevieron a decir. Él también esperaba por ti

no supiste darte cuenta, cuando yo te tenía tan cerca
mi piel vibraba porque ansiaba ser acariciada
ser besada, y estrujada por un amor
que no encontré en tu corazón.

EL DOLOR DE RECORDARTE

Con el volar del pensamiento
se puede llegar a cualquier lugar
y con el sentir del corazón se puede
recordar lo que se quiere y se ha amado de verdad.

Aunque el desamor de un amor
nos lastima el corazón, el dolor nos hace difícil
el vivir y endurece nuestro sentir,
por eso cuando siento el viento tibio
acariciar mi rostro no puedo dejar de recordarte
con esa tristeza que deja el dolor al no poder olvidarte.

Siento tristeza porque no puedo ordenar
al pensamiento a que te olvidé y que ya dejé de amarte
es tan fuerte tu recuerdo que te adentras en mi alma
en mi cuerpo y en mi mente,
y mi necio pensamiento no entiende
y se resiste a que me aleje y a olvidarte.

SILENCIO DE AMOR

Tú has sido para mí
el amor prohibido y te he querido
más que si fueras mío.

Nunca le dije a ella
que yo también te amaba
ella es mi amiga
y no quise verla sufrir.

Este amor que siento lo llevo
guardado muy dentro y así
seguirá en silencio sin hacer daño,
mi amor hacia ti es limpio, pero duele,
me hace sufrir porque no te lo puedo decir.

NO VALES NADA

Nunca has sabido lo que es querer
nunca has querido ni has entregado
todo tu ser.

Vuelas muy alto y no has sabido corresponder
cuando te han dado
nunca tuviste que devolver.

No has entregado nada de ti
estás vacío
no tienes, ni sientes nada
pobre de ti
nunca aprendiste a ser feliz.

EL BESO QUE NO TE DI

Tú para mí eres como el verso
que inspira la lluvia al caer,
te vislumbro a lo lejos como un poema
al ver una luna roja y llena en un bello atardecer.

Escucho tu risa cuando sopla el viento
en un tibio y rojo obscurecer
eres como una cascada que detiene su paso
en un inmenso y fresco manantial.

He visto en tus ojos
la inmensidad de tu cariño,
mas todo eso no me ha cegado
para adivinar en tus labios un beso que no era mío.

Eres para mí tantas cosas,
pero dime tú cómo aceptar
ese beso que yo no te di
y en tu boca hoy descubrí.

DOS FRASES

No me dejes y no te vayas,
tú no sabes hasta donde me duelen
estas dos frases para mí tan importantes
que en aquel momento yo pronuncié.

Sé que nunca supiste la tristeza
que a mí me causaría pedir y rogar,
pero más me ha dolido porque estoy consciente
que ante ti yo me humillé

Sabes, estoy segura de que por tu mente
nunca pasó que a mí me entristecía
y me dolía el saber que te marchabas
para siempre de mi vida.

Y sabes por qué sé que a ti no te dolía cuando yo
desconsolada te rogaba que no te fueras,
que no me dejaras, porque hoy entendí
que realmente no me amabas.

No existía ese amor que yo quise ver en ti,
quizás fui yo la única que de verdad amó
y te quise tanto que en su momento
esa felicidad si existió.

Y aunque hoy me duele lo que no fue,
hay algo muy grande que la vida me quiso dar,
me dio la oportunidad de aprender a amar
y también me enseñó que yo puedo olvidar.

MENTIRAS DEL CORAZÓN

Aunque te quiero me alejaré de ti
quiero saber si es de verdad
este amor que yo siento.
Quiero que tú y yo nos demos el tiempo
para saber si todo esto es genuino
o solo es para llenar la soledad
diciéndonos mentiras.
Deseo pensar y hablarle al corazón
quiero estar sola y preguntarle para saber
si me tiene una respuesta coherente,
si es por soledad no creo que tenga caso.
Ocupar un espacio en tu corazón,
eso no es lo que quiero para nosotros dos,
pero si él me contesta que si es amor
estoy dispuesta a que tú hagas lo mismo
y te sinceres conmigo.
Háblale a tu corazón
a ver que te responde
quizá también está confundido
quizá el darnos tiempo
nos dé la respuesta que tú y yo necesitamos
o podamos descifrar si hay amor
o solo es rutina entre tú y yo.

HOY NO TIENES NADA

Cuando sientas en el rostro el golpe del destino
porque hoy decidió voltearte la moneda
para que esta vez tú seas quien pierda
será ahí que te darás cuenta
de que se esfumó el espejismo
que creíste sería para siempre.
En ese momento tratarás de buscar
lo que sin darte cuenta en qué momento
se te quedó olvidado en un rincón solitario y lejano.
Construiste una obscuridad
para guardar mi vida mi amor y mi dignidad.
Y para ti dejaste una puerta grande y ancha
para algún día poder regresar, pero también
usaste esa puerta para dejar salir tus emociones
que tenías en secreto guardadas.
Pero el tiempo y la vida se encargaron de demostrarte
que la puerta que tú dejaste abierta para poder volver
se te cerró en plena cara y esos golpes por más que quieras
no los podrás ocultar, porque esa moneda que arrojaste al aire
aunque duró mucho para caer, esta vez te toco perder
se te cayó encima tu mundo de mentiras y hoy solo tienes
verdades amargas.

DESPUÉS

Qué triste es la soledad que se comparte
esta soledad que me acompaña, que me
hiere y que me mata,
cuando quiero decirte algo siempre obtengo
de ti la misma respuesta, un después o más tarde
o un mañana tal vez.

No sé si la soledad es solo mía o como yo también
la sientes como te hiere y te lastima
sé que hay soledades diferentes y unas pesan más que otras
como cuando alguien se va y tú te quedas sin nada.

Pero no es esa soledad la que a nosotros nos duele
lo de nosotros es más triste todavía
pasamos la vida viviendo juntos con esta soledad
que tristemente nos acompaña y nos arrastra
a vivir solos y en compañía.

UN SECRETO ENTRE LOS DOS

Gran parte de mi vida la he pasado invocando tu recuerdo
he dejado por mi camino los años que hasta hoy he vivido
te me has quedado sin poder sacarte y arrancarte
de lo más hondo de mis secretos los cuales aún llevo tatuados.
No puedo dejar salir este deseo que vivo por ti,
que me hace vivir y morir a la vez.
En ti me veo y siento en mí tu presencia
y en el recuerdo que tengo de ti
se ha ido apagando el resplandor que nuestro amor emitía,
no estoy siendo capaz de enterrar y apagar por completo
todo lo que hubo entre tú y yo, aunque todo se me perdió
en la inmensidad de la nada, no lo quise admitir para no sufrir
y llorar por lo que no pudo ser.
Pero el alma guarda los secretos y el pensamiento
esconde los deseos para que no dañen a alguien.
Siempre escondí tu aroma y tu recuerdo
pero hoy tuve ganas de sentirte y respirarte
fue por eso que invoqué tu sonrisa y tu presencia.
Quise tenerte cerca de mi vida y fue tan grande mi deseo
que mi pensamiento te trajo directamente a mí.
Esta noche la has pasado conmigo,
me di cuenta de que eres el mismo,
que tu amor por mí no cambió, no murió,
que al igual que yo lo tatuaste dentro de tu ser.
Siempre estará entre los dos un secreto para recordar
en el momento de este nuevo adiós.
Los dos volteamos la vista hacia el reloj
que no era otra cosa más que mi despertador y tú en mi sueño
me regalabas una vez más un triste adiós.

TE DEJO

Hoy fingiste que sufrías
cuando dije que ya no te quería
y lo hiciste tan bien
como desde hace tiempo lo vienes haciendo.

Amor hacia mí tú ya no tienes,
ni respeto para mis hijos que ya no te importan,
porque para ti solo existen tus distintas amantes
yo lo he sabido desde siempre.

Solo que nuestros hijos eran más pequeños
y ellos no lo entendían
pero hoy ya son más grandes, ellos lo saben
pero aun así no lo quieren aceptar.

Te dejo, te dejamos para que disfrutes
de tu única y pobre realidad
porque para mí ya no eres alguien a quien yo pueda querer.
Eres solo un recuerdo ya sin valor que me dejó el amor.

NUNCA FUE MÍO

Por ese amor que no existe, mi vida espera
por ese amor que no me diste
mi alma hoy está triste.
Por un amor que todo ser quisiera tener,
por esa esencia que nos hace vibrar el alma
por ese algo tan deseado y esperado por el corazón
que se la pasa esperando y añorando,
es que anhelo ese amor que está en ti y que,
aunque yo quisiera, sé que nunca será para mí.
Solo podré verte e imaginarte
creer que te diste a mi cuerpo,
pensar que de verdad me has amado,
soñar que mi amor te ha ganado
y sentir vibrar mi piel solamente por ti.
Y cómo olvidar un amor al cual me aferré y no pude tener
cómo deshacerme de todo eso que no fue verdad
y cómo olvidar algo que jamás pasó, que no existió.

AGUA FRESCA

Como el agua de río bañaste mi vida
como agua fresca inundaste mi alma
como agua de río en un tibio invierno
me diste a beber tus besos de miel.
Te quedaste para siempre solo mío
me diste alas para sentirme amada
me diste todo para que nada me faltara y nada deseara.
Me creí el amor que tú me dabas
y entendí que yo era a quien tú adorabas.

HOY PERDÓNAME TÚ

Hoy perdóname tú por todos los años que no te dije
que su recuerdo ha estado siempre entre tú y yo
yo no quería, pero sucedió a pesar del tiempo transcurrido
nunca me llegó el olvido que tú hubieras querido,

El sonido de su voz y el calor de sus brazos y su piel
es algo que sigue apareciendo en mis sueños
y no lo puedo evitar.

Sus besos, los abrazos y sus tantos recuerdos me persiguen
y no me han dejado quererte de verdad
por las noches él se introduce dentro de mis sueños
repitiendo mi nombre, interrumpiendo mi vida
que por tantos años tú y yo hemos llevando.

Aunque son solo sueños él me dice
que me ama y que no me olvida
y aunque los años han pasado
yo tampoco he podido sacarlo del recuerdo de mi vida.
Hoy perdóname tú por engañarte sin desearlo
y amarlo a él y no olvidarlo.

SE MOVIÓ MI DESTINO

Ahogué mis lágrimas al ver que te marchabas,
callé mis palabras que amenazaban con rogarte
enterré mis sentimientos para evitar que te alcanzarán
y le he exigido al corazón que no te llore y no te extrañe.

He caminado hacia atrás por mis pensamientos
tratando locamente de encontrar ese algo
que rompió nuestro pacto y separó nuestro camino
y hoy voy sola por la vida buscando lo perdido.

Tratando de encontrar un futuro que no he podido alcanzar
porque el destino me lo mueve y me lo quita
como un capricho más
mis lágrimas brotan como dos ojos de agua
y mis palabras se pierden en el eco del destierro
tratando de encontrar respuestas donde nadie sabe nada.

Busco tus ojos que se me escapan y rehúyen mi mirada
tú como quiera te marcharás, no te importan mis lágrimas
si son fingidas o son amargas, te vas para siempre y contigo
te estás llevando la vida que me quedaba.

DÉJAME SALIR

Amor dime por qué me haces esto,
por qué asustas mis noches con deseos
que entre nosotros no deben ser
qué te hice yo, por qué no terminas de salir
de mi vida y de mi mente para siempre
para poder olvidarme de tu risa y de tu boca.

Este dolor se vuelve asfixiante
tengo ahogada el alma y sufro al respirar y recordarte,
la verdad no tengo calma
el dolor y el desconcierto me hunden
en el abismo de preguntas que nadie responde.

Qué te hice yo o qué se nos quedó pendiente,
te apareces en mis sueños
no sé qué quieres tú de mí o qué has hecho con ese amor
que hace muchos años ya se fue,

Pienso y no encuentro una respuesta que me deje satisfecha
estoy segura de que yo te apagué en mi alma y en mi corazón
y a ti no te debo nada o acaso eres tú
el que no se resignó al adiós

Quizá soy yo la que no ha salido del fondo de tu alma
no sé qué hacer para poder salir de esa prisión
en la cual tú me tienes encarcelada y no dejas que yo salga.

EL CORAZÓN SE DESGASTA

El deterioro del amor nace con la traición
y con el desgaste de creer
en la falsedad de un corazón.

Crece el olvido al saberse abandonada
y se anida la desilusión al sentirse traicionada
se pierde la ilusión y temes volver a querer
vives sin sentir y respiras sin querer es como
si no existieras, la traición desgasta el amor
y desencanta el corazón.

TATUADA EN EL AYER

Estuve tatuada en el ayer de lo que yo fui, me quedé
anclada en el tiempo que ya pasó
me dormí en el sueño de un pasado que ya no he de ver.

Aunque creí que el alma no piensa y que el pensamiento
no siente, aun así, me di cuenta de que el alma piensa y que
el pensamiento clama y llora.

Pero yo quise creer que no existía vida en el alma
ni amor dentro de ella que pudiera conmover al sentimiento
fue el mismo dolor el que me obligo a dar por hecho
que yo no tenía por quien vivir ni en quien pensar, que no tenía
que gastarme pensando por quien sufría y lloraba.

Preferí dejarme llevar por una nube egoísta y malvada
donde yo estaba en un pasado donde no existías tú
me adentré en un sueño donde a nadie amas
pero es triste despertar y darte cuenta de que es otra
tu verdad, tu realidad.

MI VIDA HUNDIDA

Has dejado mi vida en el olvido,
se ha quedado bajo los escombros de un adiós
que me dejó lo que creí tu amor
y hoy veo mi vida hundida en el olvido sufriendo por el adiós
y quiero preguntar por qué,
pero a quién le reclamo o a quién le grito
si no hay nadie a mi alrededor
que me pueda abofetear con la verdad.

Cómo huir de todo esto
si mi vida está en las garras del destino
ese mismo que me hizo quererte
y me dio la oportunidad
de conocerte, amarte y odiarte.

Por qué hoy se rebeló en contra mía
y apartó nuestros caminos
a ti amablemente te dio la oportunidad
de seguir el camino de la felicidad
mientras que yo sigo por una brecha obscura triste y olvidada.

UN ABISMO DE DISTANCIA

Con la voz del viento viene a mí tu risa, escucho en mi
memoria el sonido de tu voz que tanto quise
qué lejos y qué cerca a la vez, el día de aquel adiós
ese día en el que tuve que ser fuerte para escuchar lo que tú
me decías, yo incrédula ante lo que mis oídos a lo lejos
escuchaban. Porque, aunque estabas a solo un paso,
en ese momento me pareció un abismo de distancia.

No creía lo que mis oídos escuchaban, más bien
no quería entender. Pensé que en ese momento moriría
por el dolor, pero algo pasó dentro de mi vida
y ante esa mirada tuya que aún siento y recuerdo cada día
no lloré, ni te pedí explicación de algo que obviamente
no la tenía, tomé mi amor y mi orgullo y me fui caminando
sola por la vida abrazada por la melancolía.

AMARGURA

La amargura me la dejaste tú cuando te fuiste
para ti fue fácil despedirte de recuerdos
de momentos grandiosos y de besos hermosos
solamente eso me quedo de ti.

Y en honor a esos momentos pretendes
que yo me quedé a esperar por si quisieras volver
es verdad que me fue muy grato el haberte amado
mas no por eso me resigné a esperarte aquel día
que de mí tú te fuiste.

De ti solo me quedaron esos recuerdos que
reconozco fueron bastantes.
pero hace ya tanto tiempo de todo eso que con
el viento te los mande, recuerdos tuyos ya no los quiero
besos de antes no los deseo, amor de ti no necesito
y el tuyo menos por ser maldito.

TE VI DE FRENTE

Qué grande es el mundo y que pequeño a la vez
hace tres días te despediste, salías de viaje y con
tristeza y amor te despedí.

Qué pena siento por mí yo que en verdad he creído
en tus viajes de grandes negocios, en tus llegadas tarde
e incluso en tantas noches que tú no venias porque
también existían compromisos y tantas cosas que tú
cínicamente me inventabas.

Y hoy sin querer me di cuenta de que toda mi vida a tu lado
solo ha sido una bonita mentira, y la verdad yo no entiendo
para qué mentir e inventar si algún día me iba a enterar
y hoy que te encontré al salir de nuestra casa
ya no pudiste mentir porque los vi tomados de la mano.

Y yo solo era para ti tu esposa abnegada la que se queda
en casa, pero tú ya no me puedes mentir ni exigir
porque te vi, te vi de frente.

TU ALEGRÍA

De nuevo te has marchado y yo triste me he quedado
al despedirte sentí que te perdía lo vi en tu cara y
lo sentí en tu beso distante y frío.

Tu amor para mí es como un crudo invierno
que poco a poco va muriendo. Y ya no sé con qué luchar
para que tú te quieras quedar.

No sé si existe alguien más, pero tu desagrado cuando me besas
no está solo en mi mente y eso es lo que me hace pensar
que en tu corazón ya vive alguien más.

Cuando te vas irradias alegría y hoy que te fuiste
noté que sonreías no sé quién es, pero es triste
ver como nuestro amor ha ido muriendo día con día.

UN PERDÓN MÁS

Por la vida juntos quiero otra oportunidad,
por tus lágrimas de tristeza
o por los besos que no te quise dar,
por todas esas cosas perdóname una vez más.

Por humillarte sin una razón,
por sentir que no te amaba,
por mis palabras hirientes que en ti descargaba,
necesito de ti un perdón más.

Por todas las cosas bellas que sin yo darme cuenta
se te convirtieron en lágrimas que amargan y duelen,
por esa barrera que se formó y no pudiste derrumbar,
perdóname una vez más.

Por mis razones que no tenían explicación, ni razón de ser,
por todo lo que ensombrecía mi mente y nunca quise ver,
por todo eso,
regálame otra oportunidad.

Por las cosas pendientes que quedaron guardadas,
por el eco de tus palabras que nunca fueron escuchadas,
por esas mañanas de soledad que al despertar
no encontrabas a quien abrazar,
por tantas noches que te hice sentir sobajada y humillada,
por todo eso yo te pido una oportunidad
y un perdón más.

PÁGINAS BLANCAS

Escribí por ti solo páginas blancas,
busqué algo de ti para decir
y no encontré nada de ti para escribir
busqué en mis pensamientos algún recuerdo
que hubiera de ti y estos no me dijeron nada
porque nunca les dejaste nada para decir.

Quise escribir tantas cosas, pero todo se me borró,
de ti no puedo decir nada porque tú no dejaste
ni una sola letra escrita en mí
como páginas blancas se quedaron mis días
y en páginas sin letras mi vida se quedó de ti.

Yo quise formar una historia contigo
y que los dos escribiéramos juntos
sin dejar ni una sola página en blanco,
yo voy siempre escribiendo en las páginas de tanta gente,
pero por ti hasta un libro me hubiera atrevido a escribir
he pensado y buscado palabras dentro de mi alma
pero no he encontrado nada que me hable de ti
para ti solo tendré páginas blancas.

LA VENDA DEL CORAZÓN

Se cayó la venda de nuestro amor
se me cayó la venda del corazón
fui recorriendo el velo, el dulce velo de la ilusión
y se me fueron abriendo las puertas y en cada una
fueron brotando las verdades de tu traición.

Ay amor como me ahogas y como me asfixias
con tristezas y crueles realidades.

Ay dolor como supiste darme de lleno directo al corazón
te adentraste hasta el fondo y de esa manera él se murió
no estuvo en mis manos salvarle del dulce amor
porque era tan tierno y bello que no quería la salvación.

ME LLEVARÁS POR SIEMPRE

Pensarás en mí por todo el gran amor que yo te di, me llevarás
dentro de ti por todo aquello que te llevas tú de mí
sé que no podrás arrancarme de tu vivir, seré para ti
como tú mismo ser, ese que llevas bajo la piel.

Seré para ti ese alguien que ya dejaste
más nunca podrás decir que me olvidaste
sé que llegará el día que te arrepientas por haberte ido
y lamentarás no poder regresar el tiempo,
estaré tatuada a tu vida y me llevarás por siempre
porque, aunque has querido olvidarme algo más grande
que la palabra olvido te lo ha impedido.

Sé que siempre caminaremos juntos, me llevarás
unida a ti por todo lo que te has llevado tú de mí.

TE PERDÍ PARA SIEMPRE

Ya no puedo esperar que vuelvas,
me doy cuenta de que hoy sí te perdí
y esta vez es para siempre
nunca te lo dije, pero yo siempre te quise,
para que decirte algo que de sobra tú ya sabes.

Nunca imagine que eso era lo que tú deseabas.
Que yo te dijera de una y mil maneras cuanto te amaba,
no creí que para ti fuera tan importante escucharlo.

Yo creí que con solo quererte sería suficiente,
no me di cuenta que tú necesitabas
que yo te amara con hechos y palabras.

EL BESO DE MI ADIÓS

En el abrazo que yo te di cuando decidí irme de tu vida
en ese abrazo me llevé todo lo bueno que contigo viví
me llevé tus recuerdos y los míos
de todo lo que nos dimos cuando nos quisimos.

Todo esto se lo restaré a todo
lo que con tristeza de ti recordaré,
todo eso que ni tú ni yo volveremos a ser
sabíamos que era inevitable la despedida de uno de los dos
y preferí ser yo la que se fuera primero.

Y hoy quise salvar mi dignidad,
es por eso que tomé el orgullo que aún me queda
y te deje mi adiós.

DIME

Dime qué ha sido de tu amor por mí
tú que decías amarme y que yo era
tu gran amor, en dónde quedó todo eso.
Lo veo tan lejos de nosotros que no puedo
evitar la melancolía por lo que ya fue,
ese amor que me tenías y hoy ya no lo tengo
por qué me lo quitaste, a quién
se lo entregaste, por qué te lo llevaste.

Y SI FUERA YO

Qué pasaría si tú estuvieras en mi lugar
y si el que dudara del otro fueras tú y no yo
si el que sintiera o presintiera ese algo
que no me deja estar segura y conforme
con lo que yo presiento de ti.

Quiero saber qué pasaría si fuera yo
la que te hiciera sentir lo que yo siento,
qué pasaría si fuera yo la que en ti despertara
esa terrible duda que mata mi confianza.

Con la verdad de frente cuéntame,
voltea un poco tu juego y haz de cuenta
que soy yo la que tiene amistad con otro hombre
y que de vez en cuando él me acompaña
y platicamos solamente,
sin hacer nada malo por supuesto.
Qué pensarías si con frecuencia él me buscara,
que él y yo habláramos y riéramos
de cosas sin que tú te dieras cuenta.

Quiero que me contestes que pasaría o que sentirías,
me gustaría saber si, así como hoy me dices tú a mí
que no pasa nada y que ella es solo tu amiga
y que yo no tengo derecho a dudar o mal pensar,
quiero saber si yo estuviera en tu lugar
y te contestara lo mismo que tú me dices
cuando yo te pregunto y reclamo, qué dirías,
anda ven y dime de frente que pasaría si fuera yo.

POBRE ILUSO YA TE OLVIDÉ

Volviste un año después de que te fuiste
quizá te acordaste de lo mal que me dejaste
y que fuiste muy cruel al despedirte,
acaso se te olvida que fui yo quien te rogó
y te suplicó que no te fueras de mi vida
te pedí de favor que no me dejaras
que no te alejaras y me amaras.
Pero ya ves todo eso pasó
con el tiempo te olvidé y tú ya no estás más en mí
ni en el más triste y obscuro rincón del corazón
pobre iluso creíste que yo te esperaría
y llegaste a pensar que moriría, en lo que nunca
pensaste fue que yo si te olvidaría.

TE QUIERO

Te quiero y no he podido sacarte de mí, no logro olvidarte
por más que intento y hago el esfuerzo,
pero no puedo arrancarte y dejarte ir.

Lucho por olvidar este amor que por ti siento
y me pierdo dentro de mí y dentro del mundo
que ya nada me importa
lo único que deseo es arrancarte de aquí dentro,
pero me ha sido difícil
tu aroma, tu amor, tu risa y tu cara,
hasta el aire donde tú estás quisiera respirar.

Quiero volver, pero ya no quiero sufrir por algo que no pudo ser
quizá en otro lugar o en otro tiempo nos volvamos a encontrar
porque en esta vida no pudo ser.
Y yo no quiero eso tan poco que tú me puedes dar,
yo no quiero vivir así.
Nunca podría compartirte y callarme fingiendo ser feliz.

EL DESTINO NOS REGALÓ EL ADIÓS

Te empecé a querer sin ser para mí el hombre ideal
te metiste en mi vida y alocaste mis sentidos
tú lograste que yo me acercara hasta ti
y que deseara amar, acariciarte.
Como una esponja absorbiste de mí
el que yo debía quererte,
borraste de mi vocabulario los no quiero y no debo.
No sé qué me pasó contigo
que entre más resistencia yo ponía hacia tu persona,
me lo regresabas con una sonrisa.
Un no para ti me lo volvías con gestos y caricias
que me hacían estremecer y morir.
Lo cierto es que te llegué amar.
Me ganaste y ya no pude luchar contra ti.
Por más que yo te sacara la vuelta
tú actuabas como si fueras un imán para mi vida.
Te aferraste a lograrlo, y aunque sí nos quisimos
fue el destino que no quiso regalarnos una vida juntos
pero no hay nada que nos podamos reprochar
en su momento fue lo mejor que Dios y la vida nos pudo ofrecer
y el regalo que nos brindó el destino fue nuestro triste adiós.

TU FORMA DE MIRAR

Sueño que te pierdo y que me dejas de querer
sueño que te marchas y que no te vuelvo a ver
esto es lo que obscurece mi vida y no sé como
resistir día a día otro despertar más.

Cada mañana que te despides y nos decimos adiós
me doy cuenta de que sí me quieres, lo siento
en tus besos y tu forma de mirar,
te acabas de ir y le pido a Dios por ti
que él siempre te acompañe y que no se aleje de ti
pero en mis pensamientos tú te alejas
te vas y no veo que yo te importe, como tampoco
veo tu deseo de regresar y es por eso
que mi vida se pierde.

UN RECUENTO EN TU VIDA

Sé que he sido un tonto por creerte,
por creer que eras una mujer decente
y me reprocharé siempre por pensar
en que de verdad tú me amabas
y como tú bien lo sabes siempre
en muchas ocasiones yo te he perdonado.

Me gustaría que hicieras un recuento
de cuantas veces he sido yo
el que tuve que ceder o perdonar,
la verdad ya no es por mí que quisiera que cambiaras,
para mí no pido ni un poco de amor,
de ti no quiero nada.
Hasta una caricia tuya la siento como una gran burla.

Para ti no tengo amor o cariño para mí tú ya no existes
 y ese dolor que un día sentí por ti ya desapareció y sí,
aún tengo un gran dolor
pero no es por ti sino por mí,
no puedo creer como yo no quería entender
que tú no valías nada
y sin embargo para mí lo eras todo
porque con el alma te amaba.

Hoy me doy cuenta de que tú pensabas
que yo me denigraba ante ti cada vez
que mi corazón te perdonaba y sin embargo
hoy ya no me interesa lo que creas o dejes de creer.

Te amé y no lo entendiste
y aunque hoy seas tú la que dice quererme
yo solo puedo decir que no te rebajes más
y que rescates un algo de tu muy poca dignidad
que creo aún debes tener.

TU DESPRECIO POR MI LIBERTAD

Te cambio tu desprecio por mi libertad,
un desprecio que no me duele y no siento como tal,
eso es algo que a mí no me llega.
Lo que quiero de ti ya lo sabes y eso es mi libertad.

No deseo tu presencia ni tu vida cerca de la mía
yo deseo mi libertad para vivirla y gastarla con quien sea,
qué más da.

Es por eso por lo que estoy decidiendo por mí misma,
ya no estoy para que tú, a quien no soporto
ni siquiera tu aroma o tu cercanía,
vengas y me impongas cosas,
o que tú quieras que actúe como mejor convenga a la sociedad.

No soporto ni siquiera verte,
el solo hecho de tenerte me resulta incongruente.
El amor se terminó y tú no quieres entender
que nada de ti me importa ya,
ni tu dolor ni el de los demás.

Prefiero la soledad a la que según tú yo me estoy condenando.
Lo que menos me duele es lo que tú estés sintiendo,
me voy así sin ataduras ni nada que me retenga
porque la vida hay que vivirla sin pensar
en el dolor de los que dejas atrás.

No me interesa si me desprecias o si te has humillado,
no quiero ver hacia el pasado, en este momento no me
interesa, yo por lo pronto me sacudo tus caricias
 y sin mirar lo que aquí dejo
me voy para no regresar.
No quiero ver tu mirada con reproches cada día
ni tus súplicas calladas.
No, la vida para mí no la quiero así
por eso decidí que me voy a ir lejos muy lejos de ti.

HOY DECIDÍ VOLVER

Hoy decidí volver es por eso por lo que me ves aquí,
no quiero preguntas ni reproches
y no me interesa si tú en algún momento
quisieras saber por qué me fui.
Hoy de nuevo me ves volver,
me fui porque así lo quise y necesité
y eso es algo de lo que no me arrepentiré.

No quiero ni deseo explicar por qué
ahora he regresado solo sé que así lo decidí,
quizá nadie me pueda entender
y la verdad ni me hace falta que me entiendan
o me comprendan.

Me siento feliz y no quiero compartir con nadie
lo que siento dentro de mí.
No sé decir si fue nostalgia
por lo que aquí dejé y vivimos juntos,
sí, quizá fue eso lo que me hizo regresar otra vez
o quizá fue algo más,
pero que importa ya por qué fue
si de nuevo volví y estoy aquí.

SENTÍ EL DOLOR AHOGARSE EN MI GARGANTA

Me habría gustado ser más fuerte que tú
para que no se me notara el dolor que mi cara reflejaba
cuando estando frente a ti sentí que me humillaba.

Aunque a mis palabras no las dejé salir a suplicarte,
de mis ojos si salieron lágrimas que dolían y me quemaban.
Sentí que tus palabras sepultaban mis anhelos,
creí no resistir cuando escuchaba en el eco de tu voz
que, sin querer lastimarme, me decías que mi amor
 no era suficiente para poder retenerte en mi vida
y en mis brazos tu corazón errante.

Como un huracán apagaste mis deseos
y me hiciste sentir el frío de tu indiferencia,
de golpe se enmudecieron mis palabras
y se murieron mis sentidos,
en ese momento no atinaba a pensar ni a expresar el dolor
que en ese momento me causabas.

No sabía cómo levantarme de la nada.
La sorpresa aniquiló de pronto todo lo que suponía era mi vida,
fue ahí que me di cuenta
de que no era tan fuerte como yo pensaba
sentí el dolor ahogarse en mi garganta y vi en tus ojos
la sorpresa que mi llanto te causaba
y me pareció ver una chispa de amor en tu mirada,
pero no, no podía dejar que eso me alegrara.

Me sacudí la tristeza arranque el dolor que yo sentía
y saque fuerzas para dejarte ir, dejé que te marcharas
a buscar lo que tú no supiste amar ni encontrar
lo que yo tenía para ti dentro de mí.

MI DOLOR LO PAGASTE TÚ

Quiero saber que sientes tú
hoy que sin yo pedirlo
alguien más se ha cobrado por mí,
lo mismo que hace tiempo yo pasé por ti.
Yo lo sabía y te lo dije que no estaba lejos el día
en que alguien te cobrara lo que tú me hiciste a mí
y hoy que tú sufres la verdad
no me nace buscarte y consolarte
y menos para fingir lo que no siento.
Para ser sincera me alegra lo que te pasa
y algo en el fondo de mí se regocija de ver
lo pronto y sin yo pedirlo
que te cobraron tu deslealtad a mi corazón
lo que nunca imaginé es que la misma persona
por la que tú me humillaste y me dejaste,
ella misma se encargó de cobrarte con creces el dolor
de ese pasado en el cual no te importó
que yo me sepultara.
Hoy quisieras regresar tu vida y el tiempo,
pero al pasado, para bien o para mal,
nunca lo podrás cambiar
sé que quisieras que mi amor te consuele y te perdone
pero hay algo que tú no sabes de mí,
que yo no sé perdonar
y tampoco deseo aprender a olvidar.

NO TENEMOS NADA

Las nubes del atardecer ensombrecen
los recuerdos que tengo de ti
pero hoy solo quiero pensar en un brillante amanecer
aunque me he dado cuenta de que desde hace tiempo
entre nosotros todo se volvió gris y sombrío,
ya no se siente ni el amor ni el calor
como cuando tú y yo nos queríamos.

Entre nosotros las cosas ya no caminan
no funcionan, es más lo que nos lastima,
nos separa y nos hiere.
Ya no tenemos nada por que luchar
entre tú y yo ya nada se puede rescatar,
por más que busco no encuentro nada que se pueda salvar.

Solo encuentro el desencanto y el desamor
de lo que nos dejó el triste adiós,
a lo que nosotros creíamos era el amor,
amor ya no lo hay lo hemos agotado,
respeto entre tú y yo también se ha terminado
y el cariño la verdad no sé en qué momento
pero también se terminó.

Es triste mirar hacia atrás y darte cuenta
de que pasaron tantos años
y no logramos lo que siempre
planeamos, quisimos y deseamos.

UN ADIÓS INESPERADO

He cerrado el corazón para que no entres otra vez tú.
He cambiado el rumbo de mi camino
para no tropezar contigo una vez más.
He querido cerrar todas las puertas
para que no me vuelvas a herir porque ya no quiero sufrir.

Te borré de mi mente para no pensarte y no nombrarte
detuve mis pensamientos para que no volaran a verte
le puse un alto al dolor para que no me obligue a extrañarte
también le di una orden al corazón para que no te llore más.
Porque ese día que tú te fuiste me dijiste tantas cosas hirientes
Y, sí, me dolió ese adiós inesperado para mí.

Lo que más me hiere es que dejaste de amarme
desde hace ya mucho tiempo atrás
y no hablaste, no te diste los tiempos suficientes
para sincerarte y decirme...
créeme yo lo hubiera podido entender.

Que se te acabó el amor y por eso me dijiste adiós,
que la distancia enfrió tus sentimientos
y que ya no es lo mismo desde que yo estoy lejos
tal vez tengas algo de razón en tus argumentos,
esta vez todas las razones son para ti,
las culpas me las quedo yo.

Me arrojaste a la cara tu desamor por mí
el cual por mucho tiempo te habías callado
en aquel momento con esas palabras
sorprendiste y destruiste mi vida,
unas lágrimas corrían por mi cara sin que yo las notara,
yo estaba contigo porque de verdad yo te amaba.
Me dolió tu desamor, tu cobardía y no,
no te perdono la poca confianza que me tenías,
y sí me dolió el adiós, pero lo que más me dolió
es el tiempo que estuve engañada.

El Legado de la Frontera

Legado Publishing es una editorial del Valle del Rio Grande en el sur de Tejas. Nuestra meta es elevar el perfil de escritoras y escritores de la región, inclusive del lado mexicano de la frontera. Buscamos autoras y autores emprendedores y motivados a establecer su marca en el mundo literario y dejar una huella que sirva a otros a seguir. Es decir, construir un legado artístico que utilice distintas formas para desenvolver el carácter creativo de la gente de la frontera de Estados Unidos y México.

Para más información visite la página web:
legadopublishing.info

Correo electrónico:
legadopublishing@gmail.com

www.ingramcontent.com/pod-product-compliance
Lightning Source LLC
Chambersburg PA
CBHW022112090426
42743CB00008B/824